[英国] 诺曼 · 所罗门 著　王广州 译

犹太人与犹太教

牛津通识读本 ·

Judaism

A Very Short Introduction

译林出版社

图书在版编目（CIP）数据

犹太人与犹太教/（英）所罗门（Solomon, N.）著；王广州译．—南京：译林出版社，2014.6（2024.3重印）
（牛津通识读本）
书名原文：Judaism: A Very Short Introduction
ISBN 978-7-5447-3288-8

I.①犹… II.①所… ②王… III.①犹太人－研究②犹太教－研究 IV.①K18 ②B985

中国版本图书馆 CIP 数据核字（2012）第 219807 号

著作权合同登记号 图字：10-2014-197 号

犹太人与犹太教 ［英国］诺曼·所罗门 / 著 王广州 / 译

责任编辑 何本国 陈 锐
责任印制 董 虎

原文出版 Oxford University Press, 1996
出版发行 译林出版社
地　　址 南京市湖南路 1 号 A 楼
邮　　箱 yilin@yilin.com
网　　址 www.yilin.com
市场热线 025-86633278
排　　版 南京展望文化发展有限公司
印　　刷 江苏凤凰通达印刷有限公司
开　　本 890 毫米 × 1260 毫米 1/32
印　　张 10
插　　页 4
版　　次 2014 年 6 月第 1 版
印　　次 2024 年 3 月第 9 次印刷
书　　号 ISBN 978-7-5447-3288-8
定　　价 39.00 元

序言

傅有德

每一个民族都有独特之处，于是，就有了一个民族与另一个民族的区别。那么，犹太人的独特之处何在？

犹太人的先祖在世界上创立了第一个一神教，她置“河那边”的巴比伦以及埃及人、迦南土著的多神崇拜而不顾，独树一帜地宣称只敬拜一神，犹如鹤立鸡群。后来的两个最大的一神教，即基督教、伊斯兰教，都是从主张一神信仰的圣经犹太教派生出来的。

古希腊米利都的哲人泰勒斯因为“仰望星空”而落入枯井，爱菲斯的赫拉克利特为了寻求事物的原因而宁愿放弃王位，因为在他看来：找到一个事物的原因比做国王还好。希腊人爱智善思的理性主义传统由于这些哲学家而得以确立。古代犹太先知则有另外一种智慧，它不是理性的，而是超理性的神启。借助于神启，先知们确信上帝存在；通过神启，他们得到了神性的律法和劝诫。“起初，上帝创造天地。”《圣经》开宗明义就预设了上帝的存在。上帝和摩西立约，赐给犹太人律法，犹太人听之、信之、行之。虽然犹太人信行犹太教的道路并非一帆风顺，但这个宗教传统还是确立下来了。这是一种不同于希腊哲学的另类智慧。须知，雅典与耶路撒冷伯仲难分，“两希文明”中的这一

“希”(希伯来),在西方文明以及世界文明史上的地位和作用丝毫不亚于那一“希”(希腊);只要稍微回顾一下西方乃至世界历史,即可知道这一点是不刊之论。

圣经犹太教是基督教之母。但是,母子之间在历史上却长期不和,纷争不断。在教理层面,基督教信仰耶稣,信其为真神和救主;犹太人却说,耶稣是人,不是神,犹太凡女玛利亚岂能生出一个神来?救世主是有的,但不是耶稣,而是未来降临的大卫王的一位后裔;其使命是在地上建立一个慈爱、和平、正义的王国;基督教说人有“原罪”,即人人因亚当和夏娃偷吃禁果而生来就有罪,信靠耶稣基督则可免罪得救;犹太人却说,人人皆有自由意志,罪愆过犯皆因错误的选择,人类始祖在伊甸园所犯之罪遗传不到后人身上,故而无须信靠耶稣基督以免罪。基督教主张“道成肉身”、“三位一体”,犹太拉比们认为这样的教义不可思议,不合逻辑,不合理性,故不可接受。在中世纪,犹太教与基督教曾经在巴塞罗那、巴黎、托托萨举行过三次大辩论,基督教一方虽然强势,但犹太教代表据理力争,毫不示弱。

中国有句话叫“入乡随俗”,英语中也有“when in Rome as the Romans do”的说法。奇怪的是,多数犹太人并非如此。公元70年圣殿被毁,犹太人被迫流散到世界各地。在欧洲各宗主国里,犹太人依然信奉犹太教,而不改信占绝对主流地位的基督教;他们仍然星期六过犹太教的安息日,而不星期天去教堂过礼拜日(主日);仍然留着胡须、穿着异样的服装招摇过市,而不改装易服;依然遵守其饮食律法食用“洁净”的饭菜,而不吃“不洁净”的猪肉、狗肉、无鳞的鱼……可谓特立独行,“入乡而不随俗”。

中国人善于求同存异。与此不同,犹太人则习惯于求异标新。有句话这样说:“两个犹太人,三个意见。”翻开犹太经典《塔木德》,满篇皆见拉比们的争论和不同意见。就连必须每日诵读两次的《祈祷文》究竟在哪个时辰背诵都各说各的道理。《圣经》中规定了613条律法,《塔木德》时期以及后来拉比们对它们的解释却难以历数。犹太人喜欢并善于争论,大事小节总要说出个所以然来。习惯成自然,这似乎可以说是犹太人的天性了。《圣经》中有所谓“上帝的选民”观念,意思是说,以色列人或犹太人与外邦人不同,是上帝从万民中挑选出来的“神圣的民族,祭司的国度”。到了现代社会,犹太人仍然相信,他们散居各地是为了把神性的律法传播给“外邦人”,做“万民之光”。

散居(Diaspora),在某种意义上说,是犹太人特有的现象。诚然,有相当数量的华人侨居海外。在伦敦、纽约、旧金山、巴黎、悉尼等许多大都市都有华人社区——唐人街或唐城。但是,海外的华人与散居的犹太人不同。海外华人不论何时何地都没有丧失其祖国。即便在清末民初,中国积贫积弱,沦落到了殖民地半殖民地的境地,但毕竟还是一个有主权的国家。与此不同,散居的犹太人没有祖国,可谓全民“大流亡”。根据《圣经》,以色列人曾经在埃及为奴四百多年,是民族英雄摩西于公元前1250年左右带领他们逃出埃及的。公元前586年,尼布甲尼撒的巴比伦军队征服了犹大国,民众被掠往巴比伦达半个世纪,史称“巴比伦之囚”。公元70年,耶路撒冷的圣殿被毁。此后,犹太人又一次失去了家园,开始了史无前例的大流散,直到1948年复国,这次流散才部分地结束。

由于在异国他乡遭遇反犹,饱受苦难,一些犹太人在19世纪末提出复国的理想,主张回归故土,重建犹太国家。谁承想,“痴人说梦”般的犹太复国主义竟然变成了现实。1948年5月,现代以色列国宣告成立了。我们不能不说这是人类历史上绝无仅有的奇迹。不仅如此,伴随着复国的进程,希伯来语这一原先只在读经和祈祷时使用的“死语言”也得以“复活”,成为现在以色列国的官方语言。这恐怕又是一个举世无双的奇迹了。

苦难与成就往往是成正比的。与上述那些独特性相联系,犹太人的成就也是独特的,更准确地说,是卓越非凡的。据悉,自诺贝尔奖设立以来,犹太人获得了 20%的化学奖,25%的物理学奖,27%的生理与医学奖,41%的经济学奖,12%的文学奖。它们还获得了 38%的美国国家科学奖、25%的京都奖,27%的菲尔兹奖、38%的沃尔夫奖。马克思是犹太人,他及其后继者的“主义”改变了 20 世纪人类社会的走向;爱因斯坦被公认为是牛顿之后最伟大的科学家,柏格森、弗洛伊德、维特根斯坦、胡塞尔、马斯洛、德里达、布伯、莱维纳斯……世界级的犹太思想家如同灿烂的群星;至于工商业巨子,金融大王,就更是不胜枚举了。

独特的宗教,独特的智慧,独特的境遇,独特的成就,凡此种种“独特”,无不表明这样一点:犹太人是一个独特或可说奇特的民族。

独特的犹太人创立了独特的犹太教,独特的犹太教塑造了独特的犹太人。二者相辅相成,互为因果。因此,欲了解独特的犹太人,必须了解独特的犹太教;反过来也是一样。那么,怎样了解犹太人与犹太教?读犹太教经典《圣经》、《塔木德》,固然是牢靠的法门,但是,对于初学者,或仅想一般性了解犹太人和犹太教的读者来说,《圣经》繁杂,《塔木德》卷帙浩繁,都不易入门。因此,通俗易懂、普及性读本是社会所需要的。这样的读本内容简化,篇幅短小,但不失精义;行文流畅,明白易懂,又不失准确。牛津大学出版社出版的诺曼·所罗门的《犹太人与犹太教》就很好地满足了这样的要求。

所罗门的这本小书除了具备上述特点以外,还有其他一些独到之处。

首先,和其他多数犹太教概论性著作不同,书中许多内容是在和其他宗教,尤其是和基督教的对比中写成的。这与犹太教和基督教之间既密切关联,又有鲜明的区别,并在历史上长期对立有关。无疑,这种写法比单纯介绍犹太教更易使读者明了犹太教与犹太人的特点。

其次,这本篇幅不长的小书不仅通俗地介绍了犹太教与犹太人的基本知识,还包括了一些新颖的内容,例如犹太女性主义神学思想,犹太人关于堕胎、人工授精、安乐死、自杀等生命伦理问题的立场和观点,读来有耳目一新之感。

在过去的二十多年里,犹太研究在中国蓬勃开展,涌现出了大批出版物。毋庸讳言,这些出版物未免良莠不齐,有的作品充斥讹误。所罗门这部通俗著作的出版对于勘误纠偏,正确理解犹太教与犹太人是很有裨益的。

2010 年 12 月 21 日于山东大学洪家楼校园

犹太人难道没长眼睛吗？犹太人难道没长双手双脚、五脏六腑，不知冷热、不分香臭，没有七情六欲！犹太人吃的是同样的粮食，刀砍斧剁同样会受伤，同样会得病，同样能治好，同样感受得到酷暑严冬，和基督徒不一样吗？任谁刺我们一剑，我们不流血吗？

——威廉·莎士比亚，《威尼斯商人》，第三幕第一场

目录

图 1 从各国迁往以色列的犹太移民。注意，他们面部的各种特征表明了不同的种族渊源。

导言

推敲措辞

你现在读的是一本用英文写成的书。英文不是中立的语言，它是基督教文明的产物，承载着许许多多基督教概念和假说。公元1世纪，基督教与犹太教分离，并与犹太教对抗。在基督教文化与语言的影响下毫无偏见地看待神道教或佛教，可能没有问题，但这样看待犹太教就难了。仅仅是"犹太人"(Jew)这个英文单词所带的弦外之音，一想便知令人不快。

如果你问"犹太人相信耶稣吗？"或者"犹太教中什么更重要，是信还是行？"那么，一开始你的立场就错了；你在背负着基督教的文化包袱看待犹太教。在本书中，你会找到类似问题的答案，但这些答案无助于你**像犹太教理解自身那样**，从内部理解犹太教；犹太教没有简单地以耶稣为中心界定自身，也没把信与行当成对立的概念。

现在就让我们重新开始，来认识犹太人是怎样的人，认识**从内部来看**犹太教是怎样的宗教。一些基督教学者给出了一批词语，拟用这些词语界定基督教徒的身份。下面列举的就是他们总结出的关键词：

· 圣父、圣子、圣灵
· 复活
· 拯救
· 洗礼
· 宽恕
· 耶稣受难
· 皈依
· 坚信礼
· 耶稣升天
· 称义
· 经书
· 信心
· 爱
· 耶稣诞生
· 圣餐
· 祷告
· 信靠
· 团契
· “重生”
· 顺从
· 永生
· 信徒身份

下列词语是一个犹太教徒想对基督教徒解释自己的信仰时所列举的：

· 上帝（个人的、历史的、变化无常的关系）
· 托拉（道、劝诫、教诲，**不是**法律）
· 诫命（*intzvan*, “圣诫”=律法的实践=善行）
· 罪恶（*averah*, 犯罪、罪）
· 自由意志
· 悔罪（*teshuva*，忏悔、“回到”上帝）
· 祈祷（*tefilla*，祷告）
· 公义（*tsedaka*，“公正”、“正确”=慈善）
· 爱（*hesed*，情爱、怜爱、慈爱）
· 善念（*yetser tov*，“善意的冲动”——内心行善的想法），与恶念（*yetser hara*，做恶的冲动；背叛上帝的成因与补救办法全

在于个人的内心）相对

· 以色列（民、地、约）

其中有些词（上帝、律法、以色列），说英语的基督教徒已经很熟悉；但是，列举这些词的人显然认为，对这些词应该解释一番，因为熟悉并不能消除产生误解的可能。然而，其中相当多的词都是希伯来语词，这些词虽是日常用语，在希伯来语中很“易懂”，可是，用英语描述其含义就难了。

事实上，上面的基督教术语表中，除“圣子”、“耶稣受难”、“耶稣升天”以及“耶稣诞生”等专讲基督的词语之外，其他的词犹太人在谈话时都可能用到，只不过意思稍有不同，这些词在两个宗教体系内的“分量”也不一样。确切地讲，“约”、“拯救”和“经书”之类的词广泛应用于两种宗教传统之中，正是它们造成了极大的困惑；它们的用法有重叠之处，又不完全吻合。有时候，这两种宗教是被共同语言所隔开，而不是统一。

上述希伯来词语似乎难以记清，不易理解，这不用担心。必要的时候，后面还会再解释；不过，弄清这些词最好的办法就是在上下文里，在读这本书或者其他书时，或者是在与希伯来语用得自然纯熟的犹太人聊天时。这就像学一门语言——实际上，**的确**是学一门语言，学犹太教的“自然”语言。

宗教不是抽象概念。信徒会声称，是神赐予灵感而创建了它，甚至是神口授了经文，经义永远正确。可是经文必须由人来解释，由人类的生命来实践，后文中的故事讲的就是两千年来犹太人如何解释并实践他们的经文。

这个故事有四个角色：上帝、《托拉》、以色列人以及周围的世界。在故事中，人物关系很重要，“特殊群体”（以色列人）与

"普通群体"(作为一个整体的人类,表现为周边的文化)之间自始至终相互影响;有挑战也有回应,有紧张也有纾解,有悲也有喜。

"犹太教"是犹太人的宗教。这很明显。但是,谁**是**犹太人?这是第一章的主题。当今有些群体认定自己是犹太人,积极遵从口传《塔木德》(《塔木德》的相关内容见第三章)的拉比们所阐述的传统。所有这类人在第一章都被视为犹太人。此界定排斥了"《旧约》的宗教",该宗教在一些极为保守的神学院里还是被当成"犹太教"。拉比严守希伯来圣经的世界,他们的权威要依靠希伯来圣经建立,然而正如我们将要看到的,拉比们并非从字面上解读经文。

同样,本界定也排斥了兴起于公元1世纪的其他"犹太教派",比如艾赛尼派、撒都该派、撒马利亚派,以及"犹太基督教派";第二章会提到其中的某些教派,该章讲述的是犹太教与基督教如何由同一个宗教走向分裂。

我们关注的焦点在于宗教。但宗教不能脱离社会、历史,也不能脱离信徒的情感体验和知识洞见。因此,后文将涉及犹太人的社会和历史方面的一些内容。

我们将对重要的犹太史学派别有所选择,同样的故事在他们的叙述中差别很大。比如,有一个"悲情派",他们认为:犹太人接连不断地受到迫害,犹太人的历史充满眼泪、痛苦和殉难;公元12世纪,第二次十字军东征时期,莱茵河地区、英格兰和法兰西等地的犹太人横遭屠戮,波恩的埃弗拉伊姆随即写下著名的殉道名录,此后,这种情绪一直跟随我们。还有一个"耶路撒冷派"(由本-锡安·迪努尔创立),在他们看来,整个犹太历史都与以色列领地相关。与他们针锋相对的观点是,大历史学家西蒙·达布诺强调"散布时期的犹太教"所取得的积极成就。还有一些传统的神学家,要么完全采用圣经式的观点,认为犹太历史就是叙述人犯罪与忏悔,上帝惩罚与奖赏;要么把历史归入伟大的"前定的"循环,最终要等弥赛亚的到来。在公元10世纪的巴比伦王国,舍里拉加昂创立了一种模式,对于接受这种模式的人来说,历史就是沿着真正的传统追溯到摩西;在20世纪的德国,弗朗兹·罗森茨威格似乎否认历史有任何重要性:"我们在每一个道德行为中看待上帝,而不是从完完全全的整体中,不是从历史中看待上帝;如果历史是神圣的,为什么我们还需要一个上帝?"

然而,对于我们而言,重点在于犹太教的**创造性**历史。犹太人遭受苦难、迫害,一直被迫迁移,这些都不可否认,但令人惊讶的是,整整几个世纪,犹太精神绵延不绝,传承者中既有诗人也有圣徒,既有哲学家也有解经人,既有文法学家也有《塔木德》学者,既有律师、讽刺作家也有僧侣、教师,还有那些怀着卑微信念的无名男女。

第一章
犹太人是何许人也?

西红柿是水果还是蔬菜?无疑,植物学家说是水果,厨师说是蔬菜。西红柿自己有何话要说呢?它要是想过这个问题,也许就像犹太人一样,会感到相同的身份危机。只要人们想给犹太人戴上个名头,一个种族、一个民族,或者一种宗教,这种危机就很容易出现。不管是西红柿,还是犹太人,就其本身来说都不是那么错综复杂,那么含糊不清。但是,或水果、蔬菜,或民族、宗教,这类范畴对于其他食品和其他人群非常适用,用于西红柿或犹太人则不那么恰到好处。

大街上撞见一位犹太人,你如何认得出来?犹太人中,有白人也有黑人,有西方人也有东方人,有生来就是的也有后来皈依的,有笃信各种宗教的也有无神论者和不可知论者,有什么办法对他们进行总体概括吗?犹太人总共有多少?他们生活在哪里?

犹太人过去的身份

犹太人的身份问题是新出现的,这让人有些意外。说起来,在中世纪的基督教世界中,这不是个问题。人们**知道**犹太人是怎么回事。犹太人是一个“特殊的民族”,是“上帝的选民”,如

《圣经》里所说，他们是上帝选来传达启示的。但他们舍弃了耶稣，因而受到指责和诅咒，身份卑微，一直等到适当的时机，他们才会接受耶稣为救世主。中世纪晚期，基督教的预言自我实现了；基督教徒借助于政治权力，按照预言，真正地贬低了犹太人的社会地位。犹太人被限定在聚居区，被迫穿上显眼的服装，被排除于各种行会、职业之外，不得拥有土地，在布道会上被诽谤为杀害基督的凶手，被控井中投毒（14世纪黑死病时期）、亵渎圣体，被控杀害基督教徒的孩子并用他们的血过逾越节（即所谓"血诬案"），被控一个心存偏见的人所能强加到异族人头上的几乎每一种恶行。

看一看基督教，尤其是西方基督教宗教艺术中描述犹太人的方式，就很能说明问题，也相当令人震惊。12世纪之前，犹太人在体貌特征上与其他民族没有区别。后来，突然发生了变化，欧洲宗教艺术中的犹太人成了鹰钩鼻子、蹼足，只要人们认为属于恶魔面相的特征，都会出现在犹太人身上；甚至到了20世纪，欧洲还有一些地区的民间坚信犹太人长角。其中的原因当然不是因为犹太人在12世纪神不知鬼不觉地变了长相、到现在又改回来，而是因为，基督教的肖像画明确杜撰了犹太人与魔鬼之间的结盟。

甚至在启蒙运动的冲击下那个艺术体系崩溃之后，产生于中世纪"基督教世界"的老套路仍然持续了一段时间。就连伏尔泰这样的启蒙运动倡导者，也视犹太人为被上帝摈弃的民族和劣等种族。在教会的神学反犹主义（anti-Judaism）之后，又出现了种族排犹主义（anti-Semitism），其极端表现是纳粹的"最终方案"：侮辱并在肉体上消灭"犹太种族"。

然而，纳粹分子也遇到一个难题。1933年的时候，人们都能清楚地看出，犹太人**并不**长尾巴、生犄角，或者具有其他不同于德国人（或者波兰人，或者其他民族）的明显特征。所以，尽管戈培尔和他的宣传机器在《先锋报》上重印中世纪丑化犹太人的漫画，犹太人的"常态"还是与凭空捏造的犹太种族特征相去甚远。纽伦堡的法律只得给犹太人下了个牵强的定义：只要曾祖辈中有一个犹太人，即有12.5%的犹太血统，就是犹太人。纳粹党用心恶毒，早期订立的反犹法案，包括排挤、隔离、区别着装在内的条款，都是以1215年教皇英诺森三世的第四次拉特兰会议决议为依据的；这类立法的主要目的就在于让犹太人**看起来**与其他人不同，从而孤立他们，尽管在事实上，大自然不合时宜地把犹太人造就得与其他所有人非常相似。

犹太人以往对自身的看法

只要文化环境，包括基督教文化和伊斯兰文化，坚持认为犹太人是"与众不同的民族"，并且坚持立法确保这种隔离状态，犹太人便会内化他们的社会状况，并会用古老的圣经词语来解释这种状况。他们自视为上帝的选民，是远离故国、流浪在外的民族。他们认同压迫者的说法，即他们是因罪而遭放逐。然而，他们据此所得出的结论不同于基督教徒和穆斯林所得出的。基督教徒与（范围较小的）穆斯林认为，上帝对犹太人的惩罚是弃绝和抛弃，而犹太人自己的理解则是，这是对他们特殊的"受拣选"身份的确证，因为"耶和华所爱的，他必责备"（《箴言》，3：12）。犹太人流亡时散居其间的那些民族，就像古代"不洁净"的偶像崇拜者一样，必须不惜任何代价抵制他们的诱惑，消除不良影响，直到某个时候，对世人无限仁慈的上帝会来拯救祂的民，证明他们无罪。

所以,整个中世纪,以及此后中世纪的观念和社会结构持续存在的相当长时间内,犹太人根本没有"身份认同问题"。犹太人自己的传统与周围的文化环境相互强化,在他们和他们地理意义上的邻居之间划下分明的界线。

当然,一直存在着一个模糊地带,只不过微不足道,按照传统的规范就可以轻松划定。比如,犹太父母所生的孩子,幼时被敌人俘虏,并被抚养长大成为基督教徒,然后返回到犹太人圈子里,他是什么身份呢? 要是(也许是频频发生的事)一个犹太妇女遭信基督教的士兵或领主奸污,她生下的孩子是什么身份?回溯到至少古罗马时代,那时的规范就很明确。犹太妇女生的孩子就是犹太人,犹太男子与非犹太妇女生的孩子不是犹太人,除非孩子正式皈依了犹太教。现在,在大部分犹太群体中,这个规范依然适用。不过最近,受男女平等思潮的影响,美国的犹太改革派教会决定,只要父母任何一方是犹太人,其子女在犹太社团中就享有完整权利,不需正式皈依犹太教。

犹太人现在对自身的看法

在研究犹太人身份的一部著作中,辛辛那提希伯来协和学院犹太宗教研究所的犹太历史学教授迈克尔·迈耶,结合社会学家埃里克·埃里克森的研究成果,阐述了他对身份的理解:

> 身份即个体认为构成其自身的特质总和。成年之前,孩子对周围人价值观和行为方式的认同,就是构建个体身份的基础。个体成年之后,这些认同不仅要相互结合起来,而且要与个体在其中扮演角色的那个社会的行为规范结合起来。这后一个过程就是"身份构成"的过程……

“要与个体在其中扮演角色的那个社会的行为规范”结合起来，这对隔都[1]里的犹太人来说，算不上大问题；在他看来，自己归属其中的那个有限的社区，即犹太社区，所奉行的行为规范和价值标准，与他在抚养自己成人的家庭中所习得的行为规范和价值标准并没有重大的分歧。家庭、社区与置身其他群体之外的疏离感结合起来，就限定了明晰的身份。

然而，随着犹太人逐渐在欧美获得公民权，把自己当成新国家的公民，甚至是世界公民，许多人要面对与孩提时代截然不同的行为规范和价值标准。他们的身份越来越模糊，越来越不稳固。

迈耶认为，影响当代犹太人身份构成的有三个因素，即启蒙运动、排犹主义，以及以色列国的兴起。我们来看看这些因素是怎样起作用的。

启蒙运动期间，犹太人脱离了隔都生活的约束，适应了现代文明，这就意味着，必须按照理性即共同的话语基础来为自己的行为提供依据，而不是依赖任何一种权威，比如特殊的启示录。这同样意味着，公共法律应该平等地对待所有公民；这赋予犹太人新的公民权，同时，也否认了他们是“特殊民族”这一自我认识。

也许，克莱蒙-托内尔伯爵对此问题讲得最为清晰。1789年，他在为犹太人向法国大革命国民议会政府争取全部公民权时说：“对犹太人要成立一个民族国家的所有要求都必须拒绝，然而，必须赋予他们作为个体所能拥有的一切；他们必须成为

① 即犹太人聚居隔离区。——译注

图 2 欧洲没有几个政治领袖能像拿破仑·波拿巴那样，致力于推行权利平等。1807年，他召集犹太名流举行“犹太教公会”，确认了几项承诺，他希望这些承诺能成为犹太人获得完整公民权的基础。

公民。”也就是说，应该赋予犹太人作为法国公民的所有权利；但是，作为回报，他们必须放弃群体特征，放弃民族自治。个体抉择要代替传统的犹太团体权威，宗教信仰要成为“私人”事务。许多犹太人欣然接受了这种变革，这一变革也迅速扩散到整个西欧和中欧的部分地区，但是一些坚守传统的人强烈反对，他们察觉到这将危及已然确立的犹太社团权威和传统的犹太教信仰与习俗。彼得·伯格说过，一旦传统信仰的合理性框架受到质疑，个体抉择代替毫无保留地接受社团权威，异端在现代社会中就会变成常态。

依照迈耶的说法，排犹主义对犹太人身份问题产生的影响是含混的。一方面，外部世界的排斥更加强化了犹太人的身份；宗教复兴运动常常伴随种族歧视或宗教迫害的发生而蓬勃发展，因为此时，启蒙运动的理性理想和普遍性理想已不再有吸引力。1840年，发生了大马士革事件。当地的犹太人被指控进行了“血祭”，面临着集体死刑的威胁，此事引起远在美国的犹太人集会抗议，激起英国摩西·蒙蒂菲奥里、法国阿道夫·克雷米厄的干涉，使全体犹太人在一种共同的目标感之下集聚起来。1858年的莫尔塔拉事件中，一个名叫莫尔塔拉的犹太小男孩被信基督教的仆人秘密施洗，并被诱拐到一个修道院，直接导致在1859年成立美国以色列人代表委员会、1860年在法国成立世界以色列人联盟。正如1760年英王乔治三世即位，成立英国犹太人代表局，莫尔塔拉事件使犹太人在投身维护犹太人权益这个首要目标的同时，也形成了全体犹太人团结一致的观念。

另一方面，排犹主义致使犹太人不敢认同犹太社团，转而融入周围的文化氛围之中，力求抛开或掩饰自己的犹太身份；当发觉被非犹太人贬低时，犹太人可能也会自我贬低，在一定程度上内化外界对自己的偏见，陷入自我仇恨。犹太人变更姓名、装束或者生活习惯，以便尽快地融入周围环境，这样，他们的犹太特征就并非一目了然；用迈克尔·迈耶的话来说，“排犹偏见造成犹太人与非犹太人相处时更强的自我意识，这就导致他们尽可能掩饰犹太特征，尽可能让不可信赖的外族人看不出来，尤其是在想获得那个外族人好感的情况下”。

卡尔·马克思早期（1844年）的论文《论犹太人问题》就是个吸引人的实例，是犹太人的自我仇恨在知识分子身上的表现。马克思认为，犹太教既非宗教，亦非民族意识，只不过是贪婪；他完全无视中欧和东欧广大的犹太无产阶级，将犹太人以及宗教信仰源自犹太人的基督教徒与“敌人”即资产阶级等同起来。显然，他在逃避自己的犹太人身份（他在六岁受洗，但父母双方都出身于拉比世家），在“适应”排犹哲学家费尔巴哈的文化背景。马克思接受了费尔巴哈对犹太教有悖常理的定义，为避开犹太人的特殊神恩论而找到了社会主义普救论这个避难所。

马克思的亲密伙伴中有一位叫摩西·赫斯的人，年纪比马克思略大，其本人也是一位著名的社会主义思想家。他在早期撰写的一篇文章中表明，他对犹太教的态度与费尔巴哈和马克思相近。后来，他接受了自己的犹太身份，但在《罗马和耶路撒冷》这部影响深远的著作中又重申不是宗教意义上，而是民族意义上的接受。也就是说，赫斯顺应了现代意义上影响犹太身份问题的第三个决定因素，即“重归锡安”这一观念。

犹太复国运动（这个词到1892年才创造出来）的自相矛盾存在于它的两个源头，即宗教与世俗。在宗教意义上，“重归锡安”这个观念与上帝对亚伯拉罕居住之地的应许一样古老，而且，经过一代代的经书流传、一代代的祷告，以及一代代要在圣地上履行上帝诫命的虔诚祈愿，复国的观念变得更加强烈。早在1782年，维尔纳的伊莱贾亲历了一个“异象”，异象召唤所有犹太人重归锡安，同时给出了复兴国家的现实计划；1840年代，塞尔维亚的犹太教拉比耶胡达·阿尔卡莱，无疑受巴尔干民族独立运动的影响，重新阐释了重归锡安的古老梦想；在某种程度上，他的阐述已接近当代政治意义上的犹太复国主义。

然而，犹太复国主义的政治诉求到19世纪末期才成形，由世俗的犹太社会主义者如摩西·赫斯提出，最终由“现代犹太复国运动之父”西奥多·赫茨尔确立。这些人都反对传统的宗教信仰。他们发现，启蒙主义和普救论侵蚀了犹太人的身份，却未能消除排犹主义。他们对普救论的不满响应了19世纪其他民族主义思想家、政治家的观点，但他们又发现，不放弃犹太特征，就根本不可能投身于当地的欧洲民族主义运动。为摆脱这一困境，他们创立了犹太人自己的民族主义，即犹太复国主义。

阿舍·金兹伯格——其希伯来语笔名阿哈德·哈姆（意思是“民众之一”）更为人熟知——有意识地想构建一种世俗的犹太身份。他所提出的“文化锡安主义”就是号召全球犹太人重归真正的以色列领土，在那里创造一种新型的犹太文化，即坚持先知的道德规范，恪守身体和智识之间法利赛人式的平衡，同时抛开宗教教条，摆脱拉比仪式的束缚。

政治意义上的犹太复国运动核心成员所持的世俗论调，对犹太宗教领袖来说简直是一个诅咒，这些宗教领袖中有许多人一边反对这场运动，一边甚至沉湎于弥赛亚降临时回归故土的梦想。然而，宗教意义上的犹太复国运动最终还是开展了起来，特别是在纳粹种族大屠杀和犹太人的国家真正建立之后，大批犹太教徒移居以色列国，给这个国度虔诚的支持。然而，犹太教徒与世俗的犹太人之间旧有的冲突丝毫没有消失，并且在以色列内部的政治辩论和紧张的社会局势中重新浮现出来。

目前犹太人的分布

1939年，第二次世界大战爆发之前，大约有一千万犹太人生活在欧洲，五百万在美洲（主要是北美），八十三万在亚洲（包括巴勒斯坦地区），六十万在非洲，大洋洲也有一部分，总数约有一千八百万人。

六百万（确切数字有争议）犹太人死于战火。犹太人从中欧这个犹太文化的中心地区迁移出来，大多数留居该地的犹太人横遭屠灭，巴勒斯坦/以色列的犹太人定居点不断增加，再加上许多近东和北非国家的犹太人逃离或被驱逐出境，这些大大地改变了犹太世界的人口构成状况。现在，北美和以色列成为犹太人主要的聚居地。犹太人在法国的人口总数超出在英国的，使法国成为不包括俄罗斯在内的欧洲中犹太人口最多的国家。在诸如埃及、伊朗和伊拉克等伊斯兰教国家中，犹太人社区曾一度繁荣兴盛，现在则几乎消失殆尽（见表1.1）。

当代身份认同

1992年，牛津大学召开了一次"新欧洲犹太人身份专题研讨会"。会议召集人是社会人类学家乔纳森·韦伯博士，他提醒人们，不要片面地把犹太人的身份弱化为表面特征，这会产生误导。比如，正宗的犹太教哈西德派信徒穿上某些样式的服装可能显得特别落伍，但他们却在纽约这样极其现代的大都市繁盛起来，其原因之一就在于，他们找到了适应现代资本主义经济结构要求的最佳方式。

表1.1　犹太人口数超过一万人的国家

（表中的许多数字，尤其是前苏联国家的数字，并不可靠）

	单位:万人		单位:万人
阿根廷	24	立陶宛	1.1
澳大利亚	10.6	墨西哥	4.8
奥地利	1.2	摩尔多瓦	6.5
比利时	3	摩洛哥	1
白俄罗斯	1	巴拿马	1
巴西	25	罗马尼亚	1.4
加拿大	35.6	南非	9
智利	2.5	俄罗斯	100
捷克共和国	1	西班牙	1.2
丹麦	1	瑞典	1.8
法国	60	瑞士	1.8
德国	6.7	土耳其	2.5
荷兰	2.5	英国	30
匈牙利	10	乌克兰	60
伊朗	2.5	乌拉圭	3.5
以色列	561.9	美国	595
意大利	3.5	委内瑞拉	2
拉脱维亚	1.7		

韦伯提出的告诫没错，但情况比他指出的甚至更加复杂。个体的身份问题包括许多因素，而构成犹太身份的各个因素只不过是整体的组成部分。当今的欧洲犹太人一方面研究民族源起，一方面与其他犹太人接触，经广泛选择之后，才确定其犹太身份的方方面面。在某种程度上，他们实际确定的方面受到家

庭、社区、个人经历以及文化环境的影响。一旦他们掌握了犹太民族的基本知识，影响身份问题的主要因素就将是纳粹浩劫(即犹太种族大屠杀)的冲击和以色列建国的意义了。

今天，犹太人所居住的大多数国家都有更为世俗的政府，在宗教方面是多元社会。这种环境为犹太身份认同的推进创造了前所未有的机遇，使个体的犹太人有能力抵制关于“犹太性”的权威界定，包括犹太人领袖所作的界定。

当然，犹太社区以及更大的社会结构必须划定“界线”，而且会有“界线”，这些“界线”至少要确定可以包括什么，不可以包括什么。这样的社区和组织应该追求最大限度的相互接受和认可。如果种种规范未能明确确立，有些人就会感到不安；然而，与压抑个人自由、阻挡犹太教的发展相比，这就不是那么严重的弊病了。

等到新欧洲的一切都尘埃落定，如果以色列和中东也实现了永久的和平，到那时又该如何界定犹太人身份？这一点不得而知。形象新颖而又明确的犹太教和犹太身份肯定会出现。愚人可能会预言犹太教的各派别将要变成什么样子；这些预言可能会错，却没有什么大碍。热衷于权力的恶棍想把自己的方式强加在未来之上；他们很可能要失败，但他们的企图必定会造成很大的危害。

第二章

犹太教与基督教的分裂

故事的发生

犹太教起源于何时？它真是“世界上最古老的宗教”吗？当然不是。如果你相信专家学者对人类进化的描述，就不会认为犹太教最古老。数万年前，古老的石器时代的人们肯定有宗教信仰，举行宗教仪式，这可以从他们画在岩洞里的壁画、他们埋葬死者的方式中分辨出来。摩西还是法老宫殿里的青年时，埃及的庙宇和宗教信仰就已然存在很久了。

但也许，你宁愿相信简朴的《圣经》经文。这种情况下，就要看你对“犹太教”的界定了。亚伯拉罕被视为犹太民族的祖先（顺便提一句，也是阿拉伯民族的祖先），你认为亚伯拉罕信仰的宗教（大约在公元前18世纪）就是犹太教吗？

大约亚伯拉罕之后四五百年，摩西在西奈山上领受十诫，这才算是犹太教的开端吗？还是说，要等后来希伯来圣经（《旧约》）成书之后，才算是有了犹太教呢？

无论以何时作为犹太教起源，都存在一个严重的问题。我们现在所认定的犹太教，在许多方面都与以《圣经》为本的这个宗教存在差异。比如，犹太人并不是按字面意思相信“以眼还

> ## 犹太人如何纪年？
>
> 传统上，按照《圣经》，犹太人将历史回溯到亚当和夏娃时代。创造亚当的时间被确定为公元前3760年，这就解释了为什么仍适用于宗教事务的“犹太纪年”会早于基督纪元那么多年。比如，公元1998年是AM5758年，而公元2000年是AM5760年（AM是拉丁文“创世纪元”的缩写，即自上帝创造世界那年算起）。

眼”；还有，尽管希伯来圣经中并没有关于生死的明确内容，犹太人的传统还是非常赞成“死后复活”的观点。所以，声称我们今天所知的犹太人的宗教有三四千年之久，这是相当错误的。我们可以说的只能是，犹太人的宗教之根，即《圣经》中最早产生的部分，才有三四千年那么古老。

但是，本书谈及的“犹太教”所指的并不限于其根源。我们说的是“拉比犹太教”，即约公元2世纪以降，由拉比系统阐释、以《圣经》为根本的生活方式。这种“拉比犹太教”是当今依然存在的各种犹太教派的基础。确实，改革派犹太教徒不像正统派犹太教徒那么倚重拉比的解释（正统派与改革派之间的差异将在第七章予以描述）。但无论改革派还是正统派，都以拉比犹太教为自己信仰与行为的参照点。

有人认为，拉比犹太教是认可“双重《托拉》”的宗教，因为它既认可成文《托拉》（即希伯来圣经），也认可“口传《托拉》”或者说传统，书面《托拉》要靠口传《托拉》阐释和完善。[你可能见到过“成文律法”与“口传律法”这样的词，但是“律法”（law）不能用以准确翻译“托拉”（Torah），因为“托拉”更像是“道”或者“教导”。]

现在,基督教徒和犹太教徒都倾向于将他们的精神源起回溯到摩西、亚伯拉罕和亚当与夏娃(厄谢尔主教将创造亚当与夏娃的日期估算为公元前4004年,与犹太教的公元前3760年小有差别)。基督教徒声称,希伯来圣经《托拉》是他们自己的律法。和犹太教徒一样,他们并不从简单的字面意义来看待希伯来圣经。然而,基督教徒解释希伯来圣经所依据的不是拉比的“口传《托拉》”,而是《新约》。

这种解释上的差异直到保罗书信完成之后才明晰起来。上溯到某个时间点,也许是公元1世纪中期,即耶稣之后的一代,犹太教和基督教之间并没有分界线。实际上,耶稣本人从不认为自己所传的宗教不是犹太教,或者说不是《托拉》;“莫想我来要废掉律法和先知。我来不是要废掉,乃是要成全。”(《马太福音》,5:17)如果问耶稣或任何一个门徒,你们信奉什么教,他们会答,“犹太教”。

那么,这两个宗教为什么会走向分裂,变得虽然紧密相关,但是各自独立? 个中原因,犹太教有传统的解释,基督教也有。

犹太教的传统解释:犹太教是一个古老的宗教,是上帝在西奈山授予摩西的,犹太人一成不变地坚守至今。公元1世纪的某个时期,由耶稣创始、保罗追随,建立了一种新的宗教,从犹太教剽窃了重要的篇章,捐弃十诫,掺杂进一些稀奇古怪、荒谬不稽的观点,例如声称耶稣就是弥赛亚,甚至是上帝的“化身”。

基督教的传统解释:犹太教是一个古老的宗教,是上帝在西奈山授予摩西的,由犹太人谨守至今。公元1世纪的某个时期,耶稣到来,“完善了”这一宗教,并予以身体力行。不幸的是,犹太教徒没有感念耶稣之德,仍顽固地死守过时的宗教形式。

这两种解释的共同之处在于，都承认存在两种截然不同的宗教，每种宗教都是在某一特定的时间点上羽翼丰满地从天而降（或者说创立），一个是在摩西时代，另一个是在耶稣时代。二者的分歧点在于对第二件事的评价以及第二件事与第一件事的关系上。但是，二者都承认，犹太教是“母亲”，基督教是“女儿”，虽然在犹太教看来，基督教是迷途的女儿。

学界的看法是，两种解释都太过离谱。犹太教大约到公元前1400年前后的某一天才算瓜熟蒂落，公元30年左右耶稣——甚至是一代之后的保罗——才公开传播基督教义，或者说才有成熟教会里的那种训示。两种宗教都经历了数世纪的发展之后，其经书、宗教惯例及信仰才获得了“传统”的形式。二者随着环境和观点的变化而共存、发展，直到今天依然如此。实际上，犹太教和基督教甚至在今天还一如既往地凭借现代知识积极地重构自身，完善道德观念，重新理解世界上的问题。

看似有些怪异的是，拉比犹太教的《塔木德》以及其他的立教经文，实际上比基督教的立教经文《福音书》成书时间**更晚**。最近，教皇说犹太教是基督教的“兄长”，他错了；当然，二者都是希伯来圣经的“孩子”，但就立教经文（《新约》、《塔木德》）而言，基督教才是“兄长”。

犹太教与基督教源自何处？

今天你游览以色列时，可以看看犹太教会堂和基督教会堂，也可以看看伊斯兰教、德鲁兹教派、巴哈伊教和其他宗教的圣地，体验一下这个国家派别众多、风格多样的敬神活动。如果你还渴望增长知识、充实精神世界，可以在多家培养拉比的犹太神学院或者不同宗教、不同派别的神学院中选上一两所，研读上一段时间，或者坐在某位大学者面前，聆听启示。

你可以做很多与耶稣时代相同的事。很多人都这样做过。约瑟是犹太祭司马塔赛阿斯的儿子，后世更了解的是他的另一个身份，即古罗马帝国的战士和历史学家弗莱维厄斯·约瑟夫。公元1世纪50年代，约瑟夫还是个十几岁的少年时就曾有过这样的经历，他来以色列就是为了个人的精神追求。生命的后期，他在罗马处于皇帝的恩宠之下，在自传《犹太古史》这部皇皇巨著中记录了自己的经历。

按照约瑟夫的说法，公元1世纪，犹太教徒分成四个派别，或称“哲学派别”。法利赛派与他联系最紧密，他声称该派教徒生活朴素，严守理性。他们尊重长者，相信神佑、意志自由与个人不朽；他们引导民众祷告、献祭，深受民众爱戴。撒都该派不承认死后复活，只遵守写在经书中的明确教义。艾赛尼派，许多学者都是通过《死海古卷》才了解到的一个教派，主张一切都归于上帝，传播灵魂不朽论。他们的与众不同之处在于，生活方式上恪守美德，为保持极度洁净而远离耶路撒冷圣殿中的献祭活动，财产共享；他们不结婚，不蓄奴仆。约瑟夫声称自己曾师从一位名叫巴努斯的艾赛尼派教徒三年，巴努斯“居于沙漠，只穿树叶，只吃野生的食物”。第四个教派，约瑟夫与之没有联系，称之为狂热派；该派与法利赛派在很多方面都有一致见解，只不过，他们只遵守上帝的规约，舍此之外，时刻准备为自由而死。

在公元1世纪的巴勒斯坦，宗教生活比约瑟夫提到的还要丰富。当时没有在现代以色列所能见到的穆斯林、德鲁兹教派或者巴哈伊教。但是，有撒马利亚教派，这个犹太教派有鲜明的民族传统特征，在盖里济姆山上建有圣殿。还有为数不少的神秘教派，他们声称掌握了通往“天国宫殿”的密传心法，以及接近上帝的途径。也有天启异象派，他们称颂上帝的审判和世界末日的来临。在少年约瑟夫开始精神追求的时代，必然存在一些追随耶稣的团体，尽管这些团体似乎没有引起约瑟夫的关注。除各种犹太教派之外，还有异教和一些“神秘”教派组织遍布古罗马帝国境内，拜火教盛行于东方国家。约瑟夫对此几无兴趣，但他显然通晓那个时代的希腊文化，尤其是希腊历史和哲学。

这样看来，公元50年基督教依然还是一个不起眼的犹太教支系，而犹太教本身在古罗马帝国境内也不过是个少数人信仰的教派。凭借历史的后见之明，我们知道，追随耶稣的小宗教团体脱离“父亲”即犹太教，在几个世纪内就代替了古老的异教崇拜，成为统治欧洲的重要宗教信仰，法利赛派“哲学”则演变为拉比犹太教，并且，自公元7世纪起，伊斯兰教秉持了与犹太教相似的神学观和社会观，并将其传播到亚非的大部分地区。

但是，**为什么**耶稣的追随者会最终脱离他们的犹太教友？为什么宣扬爱邻人的两个宗教之间开始相互仇恨？

犹太教和基督教为何分裂？

《新约·使徒行传》第15章记载，大约在公元50年和60年之间，刚刚组成的基督教派的领导者之间发生了异常激烈的对峙。保罗曾一直强烈反对追随耶稣的教徒，此时，他已经在前往大马士革的途中经历过著名的异象，加入了原本被他蔑视的教派之中。他与朋友巴拿巴一起从叙利亚的安条克回来，游说耶路撒冷教会领袖支持他的主张，即皈依基督教的外邦人不必行割礼，不必遵守“摩西的律法”。

保罗的观点在耶路撒冷的会议上引起了激烈讨论。保罗和彼得（两人都是犹太人）认为，放松摩西律法的严格要求能让外邦人更容易皈依基督教，会议上的其他人则认为，完全服从律法的规定至关重要。最终，耶稣的兄弟雅各提出，不应该给外邦人太重的负担，但至少应该要求外邦人“禁戒被偶像玷污的食品、禁绝奸淫，禁食勒死的牲畜，禁食血”（《使徒行传》，15:20）；按《新约》的描述，这个折衷办法被接受、写入信中，发往安条克、叙利亚与西利西亚等地。

但是，我们从别处读到，这一折衷方案并没有让各方都接受。一方面，保罗自己反复声明“摩西的律法”（其中包括禁食勒死的牲畜及其他禁戒）过时了；另一方面，那些严格奉行“摩西的律法”的“犹太基督教徒”（也许雅各就是其中一员），他们曾一度辉煌过，虽说也被保罗派基督教徒边缘化，但他们独特的本色还是延续了数世纪之久。我们只能根据他们关于耶路撒冷会议的记载来进行推测，因为是保罗的门徒撰写了《新约》，并以此为据形成了后来的基督教。历史是由胜利者书写的，也以同样的方式赋予胜利者对事件所作的阐释以正当性。

不管耶路撒冷会议的真相如何，《使徒行传》的记载突出了犹太教徒和基督教徒走向分裂的一些因素。显然，分歧点在于《托拉》中的某些律法是不是还有适用性。这不仅仅是有关教义的纷争，还是一个严重的社会分裂。一个民族，或者说一个宗教社团，往往通过法律、习俗以及宗教仪式表现其身份特质。小的分歧或者个体的背弃有时可以包容，然而，集体放弃律法就可能被视为对身份的拒斥。保罗计划接纳外邦人加入信徒的行列，按他的说法，即“将野橄榄枝嫁接”到茂盛的橄榄树根上（《罗马书》，11:17）；这个想法与犹太教徒以自己为一个特殊民族或社团的思维方式无法相容。它不仅没能将“犹太人和外邦人”联合起来，反而催生出两个相互抵触的团体，它们都自称是

"真正的以色列人"。

还有一点《使徒行传》记载得很清楚:公元50年之前,耶稣的追随者就已经形成一个与众不同的团体,他们反对耶路撒冷的犹太教领袖,也遭到那些犹太教领袖的反对。其他的"敌对"团体,比如死海教派,虽脱离耶路撒冷方面的领导,却没有形成新的宗教。为什么有这样的差别呢?

声称耶稣就是上帝应许的弥赛亚,这一论断本身还不足以解释分裂的原因;对其他教派的此类断言并没有产生如此深远的影响。而且,一个团体宣称一位逝去的死者为弥赛亚,还是有些不同寻常;每个人都清楚,罗马加在犹太人身上的枷锁比以往更沉重,上帝应许的和平时代还遥遥无期,此时宣称救世主弥赛亚已经降临,未免有些似是而非。

并非只有一个动因,而是教义差别、社会条件和外部事件等多方面因素的特定结合,才使得基督教开始了一个不同于犹太教的发展过程,尽管它与犹太教有着密切的关系。公元70年,罗马人毁坏耶路撒冷圣殿,加剧了这一分化。基督教徒将这个事件解释为上帝对犹太人的弃绝,对自己信仰的坚振。犹太教徒则将其解释为上帝惩罚他们所犯的罪,就像是父亲惩戒儿女一样,而不是弃绝他们。从更务实的层面来看,耶路撒冷遭劫之后,罗马帝国的皇帝韦斯巴芗对所有犹太人征收丁税,这就让人产生强烈的物质动机去疏离犹太教,与罗马帝国结盟。

确实,自公元70年之后,两个宗教再也没有回到过去。基督教和犹太教对各自的界定相互对立,教义分歧进一步强化。基督教徒形成了一套针对犹太人的"歧视教义",造成许多惨剧和流血事件,直到后来,"歧视教义"脱离基督教背景,在纳粹种族大屠杀事件中达到极致。

两个宗教如何界定自身?

公元70年之后,犹太教徒和基督教徒都开始着手完成一项重要任务,即确定自己的身份。对于今生和来世,他们相信些什么呢?应该怎样组织自己的社区呢?应该采用哪种祷告形式、庆祝哪些特殊的宗教节日、举行哪种宗教仪式呢?

对基督教徒来说,耶稣基督具有至关重要的意义,他们因此便投入大量精力界定自己的信仰。“三位一体”这一概念一直存在争议,那些不同意主流观点的往往会被斥为异端而受到迫害。犹太人否认基督教徒关于耶稣的说法,因此便遭逢特别的指责,被视为“基督的敌人”。犹太教被斥责为过时而不值一信的宗教。基督教会的神父们虽然宣扬博爱精神,却公然表示憎恶犹太人和犹太教,这就使排犹主义论调影响陡增,而排犹主义原本只是偶尔出现于异教经典作家笔下;他们宣扬,犹太人“杀害了基督”。

一样的经文,两样的宗教

奥利金是基督教神父,死于公元254年,生活于巴勒斯坦的凯撒里亚;同代犹太人中,有一位是太巴列的拉比约哈南。他们两人都评论过《圣经》中的《雅歌》;都将《雅歌》解释为讽喻。对于奥利金来说,《雅歌》讲的是上帝或者基督与祂的“新娘”,即教会之间的故事;对于约哈南来说,《雅歌》讲的是上帝爱祂的选民以色列人的寓言故事。

有位美国学者鲁本·基梅尔曼分析了两人的评论,发现始终存在五点差异,与区分基督教与犹太教的五个重要的问题正相对应:

1. 奥利金写到了上帝与以色列人之间的一个约,由摩

图3 基督教会和犹太教堂中的象征性雕像。藏于德国特里尔的圣母大教堂。象征基督教的雕像傲立挺拔；代表犹太教的雕像蒙着眼，神态谦恭，王冠正要从头上掉下去，权杖是折的，连石板都拿倒了。

西**在中间完成**；也就是说，相对于基督的**直接**现身而言，上帝与以色列人之间的联系是**间接**的。而约哈南拉比视上帝与其子民立的约由摩西**协定**，因而是以色列人**直接**从上帝那里得来的，是“他的亲吻”（《雅歌》，1：2）。约哈南强调上帝与以色列人之间的亲近和爱，而奥利金在二者之间设定了距离。

2. 依照奥利金的说法，希伯来圣经被《新约》终结或者说取代了。约哈南认为，希伯来圣经由“口传《托拉》”即拉比的阐释传统最终完成。

3. 对奥利金来说，基督是中心人物，他取代了亚伯拉罕，完成了对亚当原罪的逆转。对约哈南来说，亚伯拉罕的地位依然重要，律法是对原罪的“矫正”。

4. 对奥利金来说，耶路撒冷是一个象征，是“天国之城”。对约哈南来说，世俗的耶路撒冷依然是天堂与人间的联结纽带，上帝还会在这里显现。

5. 奥利金认为，以色列人经历的苦难证明了上帝对他们的弃绝；约哈南则认为，以色列的苦难是宽容的天父对他们充满爱意的惩戒。

犹太拉比不太关心去准确界定正确的信仰。他们认为，信仰上帝、接受祂通过《托拉》赐予的启示以及祂对以色列人的“拣选”（选择），这是不言自明的公理，他们依照圣诫来界定犹太教，包括“爱邻如己”（《利未记》，19：18）、“爱主，你的上帝”（《申命记》，6：5）以及细枝末节的宗教仪式等等。

犹太教的原始资料只字不提基督教。基本上，犹太拉比往往视基督教为不存在，一心一意地诠释《托拉》及其诫条。你只得从他们的字里行间体会，他们是不是在对基督教徒的言论作出任何回应。

没有人能确切地了解到，在最初的几个世纪里，犹太教与基督教的神职人员在何种程度上有过直接的接触，或者对彼此的著述有过第一手的了解。基督教殉教者查斯丁在公元140年至170年间活跃于罗马，他写过一篇《与犹太人德理夫的对话》，其要旨就是记录与一个犹太教贤达的争论；学者们努力研究这篇对话，但是很难将德理夫的观点与已知的犹太教原始资料中的观点等同起来。

公元3世纪，犹太教与基督教的神职人员肯定有过接触，或者是在巴勒斯坦的凯撒里亚这样的地方，因为那里既有犹太教社区，也有基督教社区（见文本框里的内容）；或者是在叙利亚的安条克，圣约翰·克里索斯托于公元4世纪在那里宣扬其反犹立场，抨击犹太教，也许他是担心基督教徒被吸引到犹太会堂里。当然，也有些个人“改变立场”皈依基督教或犹太教，有些妇女试图调停两种观点，但她们的贡献没有记载下来。

以早期的基督教和犹太教对待彼此的态度来评判这两种宗教，这不太公道，因为任何一方都没有把这种态度摆在最重要的位置。至今，互不信任、互有敌意遗留下的问题仍然困扰着我们，只是到了近代，基督教徒才开始承认他们信仰中的这个阴暗面及其给犹太人造成的惨剧和苦难。特别是纳粹的种族大屠杀之后，基督教与犹太教之间的对话才打开大门，走向和解之路，基督教也修正了针对犹太人和犹太教的传统态度和神学思想，尽管两教对话的基础早就存在。

第三章

犹太教的发展历程

1985年6月24日，梵蒂冈与犹太人宗教关系委员会签发了一个文件，文件名太长，让人难以记住："关于罗马天主教堂中布道解经时讲述犹太人和犹太教的正确方法的几点说明"。文件包含了这样一些记得住的词句："我们必须提醒自己，以色列民族如何自始至终都伴随着持续不断的精神繁荣，无论是拉比时期、中世纪，还是现在，其源头在于我们一直与犹太教共享的同一个宗教遗产"；文件随后还引用了教皇约翰·保罗二世的话："犹太民族到今天还在信奉和践行的宗教信仰和宗教生活，非常有益于我们更好地理解基督教生活的某些方面。"

终于，十九个世纪过后，真相才浮现出来。不仅仅是基督教会隐瞒了真相；"持续不断的精神繁荣"也常常被犹太历史学者掩盖起来，他们过于关注的是去表现犹太民族所遭受的苦难与牺牲，任凭有关受迫害的记载遮蔽历史的另一面，即犹太人的精神与知识创造力"无论是拉比时期、中世纪，还是现在"一直在延续。

值得注意的是，一个民族饱受困扰、迫害和流亡之苦，正常的生存之道频遭剥夺，无权接受至关重要的教育，他们竟然创造出如此充满生机的文化。下面的十一个人物故事都具体表现了犹太人生活中的某种精神价值、思想价值，或者社会价值。本书原本也可以选择其他犹太学者或者名人做例证，比如礼拜仪式创建人迦玛列二世，大诗人、哲学家耶胡达·哈列维，或者哈姆林的格吕克尔——她写下的意第绪文日志流露出一个17世纪的母亲对精神生活的密切关注。还可以有上百个其他的选择。这些选择都是随意的。

犹大·哈-纳西——学者、圣人、领袖

如果说有什么人在拉比犹太教的形成期代表了犹太教的话，这个人就是犹大。他是公元200年前后犹太社群的纳西（意为“首领”）或主教。他的门徒对他非常敬重，从来不提他的名字，只说“拉比”（意为“老师”），或者“我们神圣的拉比”；圣洁、谦卑以及畏惧犯罪，这是附在他身上的美德。“拉比死后，谦卑和畏惧犯罪之心便不再有了”，这是他的门徒希亚拉比写下的哀歌。

他不是与世隔绝的圣人，而是一个卓越的宗教领袖和政治领袖。他一生大部分时间是在加利利度过的，并在此地的拜特舍阿里姆和西弗里斯建立了多所神学院；去以色列的游客可以在这两个镇子里见到犹太会堂的遗迹和残留下来的马赛克图案，还可以见到一些墓，据称犹大拉比及其同仁埋葬于此。

他出生前的那几十年，罗马帝国的犹大省哀鸿遍野。公元70年，罗马人平定第一次叛乱，毁掉了耶路撒冷圣殿；135年——犹大大约生于这一年，罗马皇帝哈德良最终平定了第二次（巴尔·柯赫巴）叛乱，大量犹太人丧命，迫害也紧随其后。

犹大身膺犹太行省主教以前，罗马安东尼王朝的皇帝马可·奥勒留执政，犹太人与罗马帝国的紧张关系已经和缓。犹大

是个热爱和平的人，显然能对罗马文化处之泰然，他尽己所能，巩固与占领国的关系。《塔木德》中有不少轶事，记述了“拉比与安东尼”之间亲切友好的关系；其中，公元175年，皇帝马可·奥勒留到访巴勒斯坦，公元200年，皇帝塞普提米乌斯·塞维鲁斯到访巴勒斯坦，此类会面的记载应该是有一定历史基础的。

事实上，“拉比与安东尼交谈”之类的传说表明犹太人与罗马帝国之间关系不浅。马可·奥勒留所倾心的斯多葛派哲学既影响了犹太教的道德规范，也影响了基督教的道德规范。而且，盖乌斯和乌尔比安正在为《罗马法》的系统化打基础，犹大拉比的伟大事业，即创造一部综合的《犹太律典》，也在此时开始构思，这绝非巧合。

在犹大拉比的指导下创造的律典叫做《密西拿》（意为“训诲”，或“重述”），它完善了《圣经》，成为拉比犹太教的基础文件。共有六卷，是对犹太教教义最早的系统阐述；它远不止是一部律典，因为它既包含价值标准也包含法律条款，既有伦理规范也有宗教规范；它关注敬神活动和洁净礼，同样也关注民事、刑事裁决和个人状况。这部律典不久便被奉为圭臬，成为编写《塔木德》的基础（见表3.1）。

关于犹大拉比的个人生活，有许许多多的传说。有一则广为人知的讲的是他关心动物。有头小牛要被屠宰了，它跑去求拉比，一头扎进拉比的长袍里悲鸣不已。拉比对小牛说，“走吧！上帝创造你，这就是你的命！”拉比对小牛没有慈爱之心，上天因此降苦难在他身上。一天，拉比的管家正在打扫房间，发现几只黄鼠狼幼崽，就把它们扔出来，扫走；拉比说，“放开它们！经上不是写着‘祂的慈悲，覆庇祂一切所造的’？”（《诗篇》，145：9）上天垂命，“因为他是仁慈的，我们也要对他仁慈”。

表3.1 《密西拿》律典的六卷章程

1. 种子	祝福与祈祷
	农业方面的律法，比如什一税与安息年
2. 节期	安息日与节日
3. 妇女	结婚和离婚的礼俗；誓约
4. 民事	民法
	法庭构成
	司法程序
	先贤道德准则
5. 圣物	圣殿祭品
	可食与禁食的食物
6. 洁净	通过洗涤与沐浴完成的洁净行为
	洁净仪式的各个层次
	定为"不洁净"的事物

斯泰梅姆——不知其名的群体

[斯泰梅姆（Stamaim）的发音像是"stammer"（口吃）与"im"连读，重音落在"im"这个希伯来语阳性名词的复数词尾上。]斯泰梅姆不是成为传奇主人公的某个圣人的名字，也根本不是任何人的名字。这个词的意思是"无名的人士"，现在的学者用以指编辑《塔木德》经文的那群人（我们不知道这些人是谁，但相当确定其中没有女人），他们在公元6世纪前后生活于巴比伦王国。

我们先跳到故事前面，因为斯泰梅姆之前还有其他三个团体，名称的词尾都是"im"，重音也在最后一个音节，所有成员的名字我们**确实**知道。塔奈姆成员的名字记录在《密西拿》中，都是犹太拉比，由犹大主教本人任命，为同代人所熟知。随之而产生的一个群体叫阿摩莱姆，他们讨论塔奈姆成员的观点，调和明显的矛盾，平息纷争，推广律法，将律法应用于新的环境中。随后的另一个团体叫塞伯莱姆，他们针对前辈们的主张质询了许许多多的"为什么"以及"基本概念是什么"之类的问题——提出这些问题是为了更好地理解，而不是挑战，因为他们非常尊重前辈拉比，不敢对前辈们定下的规则持异议。阿摩莱姆与塞伯莱姆的讨论已经记录下来，有选择地编录进《塔木德》中，后来被称做《革马拉》（意为"学习"、"补充完成"），这部经论用阿拉米语写成，形式上是对《密西拿》的评注。

《塔木德》=《密西拿》+《革马拉》

《塔木德》有两种：

·《以色列塔木德》（也叫"巴勒斯坦塔木德"，或"耶路撒冷塔木德"），完成于公元450年。

·《巴比伦塔木德》，约于公元550年完成。比耶路撒冷塔木德更丰富，被认为更有权威。

现在，"塔木德"一词通常用做《密西拿》和《革马拉》的总称。《塔木德》是犹太教真正的中心。《圣经》之后，这部书成为犹太人最常研读的经书，解读《圣经》也以它为参照。尽管此书举足轻重，而且书中记录了数百个（塔奈姆、阿摩莱姆和塞伯莱姆成员的）名字，我们还是无从得知，这部书到底是谁汇总、编辑而成的。编者们讲述轶闻趣事，决定增删，也精通如何运用戏剧化的文学结构讲解深奥晦涩的律法辩论，以吸引研究者的注意力；他们收集能抓住想象力的传说和言论，往往显示出道德和精神方面的高度洞察力，尽管偶尔也会流露出那个时代的偏见；但他们没在任何文件上署名。也许，他们以为，自己只不过是重复了前辈大师的言论而已；如果说他们自己有独特的建树，这种想法真的会让他们吃惊。

每代人中都有这样一些默默无闻的人物，他们是不具名姓的学者、谦卑的实践者，他们整理那些先行的富有智慧的"留名者"不甚完备的启发性言论，并切实履行这些思想。

卡西珊·达希亚·宾特·塔比塔·伊本·提凡①
——巾帼豪杰

公元7世纪末叶，北非的许多部落都已皈依了犹太教或基督教，此时，伊斯兰教却从阿拉伯半岛广泛传播出来。无疑，有些人心甘情愿地接受了伊斯兰教，其他人则反对入侵的阿拉伯军队和他们的新宗教。

在今阿尔及利亚的东南部曾有一个强大的柏柏尔人部落——杰拉瓦，该部落已经皈依了犹太教。以卡西珊为首的杰拉瓦部落大败哈桑·伊本·阿尔·努曼的阿拉伯军队，扼制了阿拉伯入侵非洲的势头，阻止它进一步入侵西班牙。然而，卡西珊后来被出卖，在公元700年前后的战役中遇害。

这位令人胆颤心惊的柏柏尔人公主信仰的是哪一个犹太教派，她是不是真的犹太教徒？这些根本不可能说清楚。而有关她的故事，几经阿拉伯编年史作者反复渲染，引起了一个重要的历史假设。如果她巩固了反抗哈桑的胜利成果，穿越北非进逼阿拉伯半岛，或者向北进入西班牙，结局会怎么样呢？欧洲和

---

① 意为"提凡的儿子塔比塔的女儿卡西珊·达希亚"。——译注

近东还会分裂成相互敌对的基督教和伊斯兰帝国吗？或者说，我们的历史会不会改写呢？

不管历史假设的结果是什么，事实是，部分由于卡西珊的覆没，最终形成两个争战不休的“大国”，犹太教徒在它们的版图上式微，落入依附从属的状态。

萨阿迪亚加昂（882—942）——哲学家

公元635年，多个阿拉伯部落发动起义，摧毁了位于今天伊拉克的萨珊帝国，带来伊斯兰教这一新的宗教。此前，《巴比伦塔木德》已经成书，其内容在幼发拉底河沿岸苏拉城和蓬贝迪塔城的大神学院中被研读。这些互为对手的神学院，像是犹太教设在巴比伦的牛津大学与剑桥大学，每所的首脑都是一位头衔叫“加昂”（意为“德高望重”）的拉比，其职责既包括执掌律法，也包括精神督导和经义讲授。这个自治社区的中心人物是“流亡人领袖”，他自称是大卫王的后裔，负责处理犹太人与哈里发辖地之间的关系。

在巴格达阿拔斯王朝（750—1258）诸哈里发的统治下，犹太人曾兴盛一时。数位加昂（Geonim，注意又带有希伯来语中表示阳性复数的“im”）奉召回答各地犹太人的问题，当时的犹太人已遍布从法国普罗旺斯到也门的广大区域。加昂们的解答往往被抄写保存起来；按照犹太教徒的习惯，这种来往书信最终要收入“格尼匝”，即藏经馆。一个世纪之前，开罗藏经馆的大部分藏品被运到英国剑桥的大学图书馆；若有机会，诸君应去那里参观这一稀世藏品展，或听一次相关的讲座。

萨阿迪亚·本·约瑟生于上埃及法尤姆地区（这就是他叫阿尔-法尤米的原因）的一个叫做迪拉兹的村子里。公元905年前后，他离开埃及，在巴勒斯坦、阿勒颇（叙利亚）和巴格达等城市之间游荡了几年。公元928年，尽管身为外国人，他还是被任命为苏拉神学院的加昂。他获得了哲学家、科学家、犹太法典专家、作家、解经家、文法学者、翻译家、教育家和宗教领袖等声名，而且，实际上在每个领域的声望都是无可争辩的。

萨阿迪亚在被免职入狱的那几年写下了伟大的哲学经典《信仰之书》，入狱原因在于，"流亡人领袖"大卫·本·扎卡伊命令他签署一份文件，而他认为文件内容不公正，拒绝签署。萨阿迪亚熟谙伊斯兰教神学与亚里士多德派哲学，信奉理性至上，这理性中就包括道德感。他之所以笃信上帝的道与启示合乎理性，不是因为上帝**确定**了理性和正义，而是因为上帝一方面举止随心所欲，一方面又表明祂的一切都符合理性与正义的绝对标准。换句话说，上帝行理性或正义之事，此事先天就是理性的或者正义的；并不**因为**是上帝做的，才是理性的或者正义的。

萨阿迪亚的认识论源自对理性至上的强调。我们通过感官体验、通过由感官体验得出的逻辑推理，或者通过自身就是一种"合理性"形式的天赋道德观，来获得各种知识。比如，某人声称上帝派他来让我们去偷盗或去通奸，派他告诉我们律法不再适用，或者某人用一些明显表演出来的神迹来支持他所谓的预言，那么，我们如何知道这些东西根本不可信呢？因为理性告诉我们行事要合乎道德规范，真理更可取，谬误不足道。

《托拉》本身完全符合理性。萨阿迪亚将圣诫分为"理性的"和"听说的"，即通过理性得知的和主要通过启示而获知的。即便不是所有的圣诫都具有明显的理性，我们也可以对比较模糊的圣诫作出"基于事实经验的猜测"。如果《托拉》完全符合理性，上帝为什么还要派信使（先知）向我们传达呢？启示是上帝怜悯世人的特殊行为,《托拉》里的知识应该清晰明了,应该让所有人都能获取,包括那些缺乏哲学思辨能力或没有时间通读《托拉》的人。

萨阿迪亚熟悉其他教派和宗教的著述。除了驳斥过伊斯兰教、基督教和"二神论"宗教,他还驳斥过圣经派(一个拒斥拉比传统的犹太教派);他的辩词旁征博引,有理有据。

他编辑过希伯来祈祷书,也写过一些希伯来文的祭拜诗,但他主要是用阿拉伯文写作。他是一个杰出的圣经学者,写过大量的圣经评注;他用阿拉伯文翻译的《圣经》,至今仍在沿用。

> ### 名字的含义是什么?
>
> 许多名人的希伯来文姓名并不是真名,而是由头衔和名字的起首辅音字母组成的缩写。
>
> 因此,Rabbi Shlomo Itzchaki (意为"艾萨克的儿子所罗门",音译为施罗摩·伊兹查奇拉比)这个人更为人所知的名字是Rashi(赖施); Rabbi Moses ben Maimon(摩西·本·迈蒙拉比,亦称迈蒙尼德),其广为人知的名字是Rambam(兰巴姆)。

赖施(1040—1105)——经书评注家

今天,在德国西部莱茵河畔的沃尔姆斯,你可以参观赖施的犹太会堂(被纳粹分子毁坏后重建),看看他坐的椅子,到为纪念他而设立的博物馆里探个究竟。你会感觉到他的宽厚、慈父般的仁爱,感觉到他在引导你。对于一代代的犹太人而言,这是一种熟悉的感觉。通过他的经书评注,一代代犹太人被引入《圣经》和《塔木德》的秘奥之中。赖施是一个杰出的《塔木德》评注家,是特指的**那个**评注家。预见到读者的问题,并给予简明清楚的解释，他在这方面有天赋，能让你感觉他似乎与你同处一室，通过解释经文坚决而又温和地督导你远离谬误。

多数孩子通过他对《摩西五经》通俗易懂的希伯来语评注了解了他，也了解了《圣经》和希伯来语。也许，持久的吸引力来自他独树一帜的风格，他从《塔木德》和《米德拉西》中选取内容，用这种无从模仿的风格布道、讲述传说、解释上帝的圣诫。然而，对于学者而言，赖施则是一个圣经体语言的大师。他披阅一代代前辈语法学家、辞典编纂家的作品，明确地区分了"《圣经》实际上是怎么说的"（*peshat*，即"明确含意"）和"什么是传统上读解《圣经》时附加进去的"（*derash*，即"布道词"）。读赖施的书会感到言辞朴实亲切，即那种真有一个老师在身边的感觉，这就是他将艰涩的术语译成古法语时的风格，读来几乎像听他与周围人说话一样。

《〈摩西五经〉评注》是最早出版的注明时间的希伯来文书籍（雷焦出版社，1475年），后来又引发二百多种此书的注解本。这本书多次被译为拉丁文。赖施的圣经评注对尼古拉斯·德吕拉影响巨大，又通过他，影响了马丁·路德和其他基督教希伯来文化学者，进而影响了宗教改革运动。

赖施曾在沃尔姆斯学习，但他的家乡在香槟省（今法国东北部地区）首府特鲁瓦。后来，他没有靠担任拉比，而是靠种葡萄维生；如果他想过在葡萄酒中注入气泡，那么，他肯定会是第一个酿出真正香槟酒的人！

他生活的细节鲜为人知。他有三个女儿，其中两个叫米丽亚姆和约舍芙德，分别嫁给了他的两个学生。另一个女儿的名字不得而知。大约在1070年，他创立了一所学校，招到很多学生，经过一段时间的发展，在他的女婿和外孙们的管理下，这所学校成为德系犹太人首屈一指的律法书研修学院。

由于第一次十字军东征(1095/1096),赖施落得晚景凄凉,很多亲戚朋友都死于战火。他当时创作的忏悔诗表现出悲凉的精神状态和对上帝温柔缠绵的爱;其中一些诗篇保留在礼拜仪式之中。

他是大卫王的后裔、曾经遍游四方、曾与迈蒙尼德(1138年才出生!)会晤——这些都是传说,无从稽考。有一个传言,说他父亲有一块珍贵的宝石,基督教徒本来想据为己有、装饰到一座宗教雕像上,他父亲却把宝石抛入大海,随后,一个神秘的声音宣称,他父亲将生一个博学的儿子。另一则故事说,他母亲怀孕时在沃尔姆斯一条狭窄的街道上遇到生命危险,墙上突然神奇地打开一个壁龛(现在还是一个旅游景点呢),把她藏了起来。甚至还有一则故事说,在布永的戈弗雷东征前,赖施曾向他预言,他将统治耶路撒冷三天,然后仅带三匹马败归法兰西。

亚伯拉罕·伊本·埃兹拉(1089—1164)——诗人

伊本·埃兹拉生于托莱多,是一位杰出的诗人、文法学家、医生、哲学家、占星家和圣经评注学者。《摩西五经》的作者一般被认为是摩西,出于批判的天性,埃兹拉暗示《摩西五经》的作者身份尚有疑问;六百年之后,斯宾诺莎重拾了这个暗示,从而导致"圣经现代批评"的诞生。伊本·埃兹拉虽说确实是个占星家,却是那个时代少数不信魔鬼的人之一。

1140年,伊本·埃兹拉离开西班牙,游历了意大利、北非和近东,还到过西欧,包括法国和英国。在伦敦,他创作了主要的哲学论著《敬畏上帝的基础》,书中阐述了新柏拉图派哲学观,这种观点在他的圣经评注中有突出体现。其圣经评注风格简约、富于激辩，一直很受欢迎，对文艺复兴时期基督教希伯来文化研究的影响仅次于赖施。

伊本·埃兹拉与众位学者结下友谊，赢得了他们的尊重，但其个人生活却令人叹惜——一方面因为“逃离”西班牙，另一方面因为他有四个孩子去世，唯一在世的儿子又曾短暂地改信伊斯兰教。他的幽默感有些苦涩；在一首警言诗中，他哀叹道：

苍穹祥和，繁星也安稳，
我一出生它们就乱了阵；
如果我想兜售几根蜡烛，
等死也见不到太阳西沉……
如果做生意卖裹尸布，
我活着别人就会永生！

摩西·迈蒙尼德（兰巴姆）（1138—1204）
——哲学家、律典编纂者、医生

“伟大的雄鹰”是后世充满钦佩之情地谈到他时所用的词。摩西·迈蒙尼德生于科尔瓦多，这座城市位于崇信伊斯兰教的安达卢西亚地区。近代以来，关于他的记忆成了这一地区骄傲的资本和旅游收入的来源。在犹太教领域内，人们所熟知的是兰巴姆，即他名字的起首字母组成的缩写（见第33页的文本框）。

1148年，科尔瓦多被阿尔摩哈人占领，占领者不仅压制异于其严肃道德观的其他伊斯兰教派，还毁坏犹太教会堂，责令犹太人背叛犹太教，不背叛就只有死路一条。迈蒙家族逃到菲斯（今属摩洛哥的一个城市），生活了几年；兰巴姆的《叛教书》

大约成书于1160年，书中细腻地表达出他对那些胁迫之下表面上遵从伊斯兰教的人深深的同情与宽容。1165年，迈蒙家族想定居十字军统治下的巴勒斯坦而未果，随后，在埃及安顿下来，先是在亚历山大港，最终迁至富斯塔特，那是古代开罗的一部分，在萨拉丁苏丹的新阿尤布王朝统治之下。

兰巴姆一心扑在神学研究和写作上。到1170年代，开罗犹太人认为他就是纳吉德（领袖）；至于他是否还担任官方的正式职务，就无从得知了。他的兄弟大卫从商供养整个家庭，后来葬身海上，摩西随即转而行医，做萨拉丁的大臣阿尔法德尔的私人医生，挣钱养家糊口。他的忠告与见解传播到整个犹太人世界，北到法国的普罗旺斯，南到也门、到巴格达。他的许多书信都保留下来，有的收入开罗藏经馆（见前文第31页）。公元1204年12月13日，他在富斯塔特去世，穆斯林和犹太人都为他的去世哀恸不已。他被葬于太巴列（位于巴勒斯坦）。

他用希伯来文写的《密西拿托拉》是对犹太教律法的系统摘录，其中不仅包括宗教仪式和礼拜事宜、民事和刑事法典，还包含以色列地区的农事原则、圣殿修建与流程以及洁净礼仪方面的规范。本书最显著的特征在于，作者是依据自己的道德信念和哲学感悟来解释《塔木德》中的口述部分哈拉卡的。比如，他阐述敬爱上帝这条圣诫时，就说敬爱上帝也包括奉召参与自然科学研究，理解上帝创世的神迹；其中有关宇宙学和医学的短篇，即便在今天也会被当做科普杰作。他拒绝接受拉比律法，认为那种东西是基于迷信，或者说，是基于崇信魔鬼和巫术。这个看法在他对占星术的排斥中表达得尤为直率。

他的哲学杰作是犹太—阿拉伯文化相结合的《迷途指津》。和前辈萨阿迪亚一样，或者说，和使他获益良多的穆斯林哲学家阿尔法拉比和阿维森纳一样，他将宗教传统和哲学协调起来，于他而言，首先是要与亚里士多德的哲学观相协调。《迷途指津》一书，不仅仅影响了犹太教思想，其拉丁文译本还影响了诸如托马斯·阿奎那这样的基督教神学家。这本书甚至在作者那个时代就已引起了传统势力的激烈论争。直至今日，尊他的《密西拿托拉》为哈拉卡著述巅峰之作的正统派犹太教，仍对《迷途指津》一书中的许多教义感到困惑；他们要么置之不理，要么把本书当成神秘主义论著来解读，这种做法兰巴姆如果知晓，定会感到吃惊。

迈蒙尼德是最早想构建犹太教义的学者之一，也许是因为面对伊斯兰教时需要划清界线，并且基督教徒又总想劝化犹太人。他写的“信仰原则十三条”在他早期的《〈密西拿〉评注》中就已详细论述，现列入本书的附录A中。

亚伯拉罕·阿布拉菲亚（1240—约1300?）——狂热的神秘主义者

1280年，犹太教新年前不久，亚伯拉罕·阿布拉菲亚在一个“声音”的激励下，前往罗马劝说教皇尼古拉斯三世改宗犹太教。一怒之下，尼古拉斯三世下令在火刑柱上烧死他。阿布拉菲亚看上去镇定自若，动身去了苏里阿诺，8月22日他收到消息说，前一天夜里教皇中风死了。回到罗马，他被关了一个月，随后就获释了。

在公元13世纪，是什么样的犹太人竟然把教皇当成规劝改宗的对象？也许只有把自己当成先知的人才会如此。阿布拉菲亚出生于西班牙的萨拉戈萨，生活忙忙碌碌——有人也许会说，是活得乱七八糟。十八岁那年，他游历到了巴勒斯坦的阿卡，满怀希望去寻找传说中的塞巴提昂河。据说，这条河每天都是浪涛翻滚，咆哮不止，只在安息日风平浪静。他没找到，别人也没找到。于是，他便开始细致地研读学问，先是迈蒙尼德的哲学（太理性了），接着又读犹太神秘哲学，这更符合他的趣味。三十多岁回到西班牙后，他多次见到异象，于是加强神秘哲学的学习和思索，并且断定，熟知圣名和宗教仪式、加强苦修是成为先知的关键。后来他再次离开西班牙，1279年在希腊的帕特雷写下第一本预言书。他称自己的方法为“先知神秘哲学”，看不起作为“一般”神秘哲学的十个塞非洛特（神性的体现），认为后者只不过是初级的、次等的知识，沉思特征盖过了实际效用。

不出意料，他走到哪里就在哪里制造混乱。在西西里，他以先知和弥赛亚的身份出现，这是从一封措辞严厉的书信中读到的事实，发信人是巴塞罗那的所罗门·本·阿德雷拉比，写给指责他的巴勒莫人。由于本·阿德雷和其他人的攻讦，阿布拉菲亚传扬的狂热神秘哲学1280年之后在西班牙销声匿迹，却在伊斯兰教盛行的地区被接受，在那里，它与伊斯兰教苏非派神秘主义和谐共存。阿布拉菲亚几乎被人遗忘了，只是，目前还有些学者正在从欧洲图书馆收藏的未刊手稿中拼凑他的哲学原貌。

现代人要比他的同代人以及紧随其后的一代人更喜欢他，也许是因为现代人不需要容忍他的过激行为。“他的异象面前矗立的是信仰统一的理想，他努力想实现的正是这一理想。”他面对的不是普通的民众，而是犹太教徒和基督教徒中已经受到启蒙者。他的一个概念，即超越教义差别的以神秘方式达到的本质上的统一，鲜见于前现代犹太教中，尽管在当今很有吸引力。研究犹太神秘哲学的现代学者，已经接受了阿布拉菲亚对于这个主题的划分。“神智学-神力”——比如出自十个塞非洛特的——以上帝为中心，包括两个方面：在理论上理解神，以及将和谐引入神域本身。阿布拉菲亚本人是狂热犹太神秘哲学的主要倡导者，这种哲学以人为中心；它从个体的神秘体验中发现了终极价值，但不关心这个发现对神性的内在和谐性所起的作用。

格拉西亚·纳西（约1510—约1569）——女恩主

1391年圣灰星期三[①]，塞维利亚爆发了一起针对犹太人的暴力事件。许多犹太人被杀，其他人被迫接受洗礼。西班牙犹太民族的黄金时代开始式微，压迫、残害和驱逐就此展开。

1391年以降，一些迫于无奈而改宗的犹太人开始接受基督教。还有一些人偷偷地崇信犹太教。很多人在基督教内升至高位，比如主教与红衣主教。这些改变信仰的人被称做“新基督教徒”（还有人在用“马拉诺”这个词，它在卡斯蒂利亚语中本义为“猪”；这个称呼应该避免）；本来专为排查基督教异端而设的宗教裁判所，受邀来核定他们的信仰是否真诚。遭到告发很容易，事实也往往如此；酷刑之下，不仅要求忏悔，还会提出进一步的指控，而定罪的结果往往是火刑烧死。（教会仍然自称从未在火刑柱上烧死过任何人。这是事实。教会以酷刑折磨受害者，往往还是在公开场合，随后移交给世俗政权机构绞死、烧死。）

在哥伦布（此人可能是个身份隐秘的犹太人，他那气势恢宏的航行肯定得益于犹太人的科学成就、受惠于犹太人的财富支持）扬帆远航寻找“印度”之前，被逐出西班牙的犹太人早就开始了行程更短但危险更甚的航海活动。西班牙国王费迪南与

① 复活节前的第七个星期三，需以灰抹额以示忏悔。——译注

王后伊莎贝拉不理会他们的犹太大臣、伟大的唐伊萨克·阿布拉瓦内尔（在圣经评注中，他形象地描述过此事）雄辩的恳求，把犹太人驱逐出西班牙。有些犹太人受到葡萄牙人的欢迎，但几年之后，在严峻的形势下又遭驱逐；他们的子女被夺走，被迫接受洗礼。

1536年，一纸教皇通谕命令宗教裁判所进驻葡萄牙。当时还有些人逃往气氛稍为缓和的安特卫普。这些人中有一位富有的年轻寡妇，名叫比阿特丽斯·德卢纳，她的丈夫迪奥戈·弗朗西斯科做香料生意，积聚了大笔财产。像其他"新基督教徒"一样，她的目的地是土耳其，但当时她根本不被允许去非基督教国家。如果公开表明意图，就等于直接说自己信犹太教，甚至在安特卫普也会遭告发，受火刑，所有家庭财产充公。然而，她做起家族生意，与其他国家建立了联系，做力所能及之事，利用遍及欧洲（甚至包括土耳其在内）的可靠中间人，帮助其他人逃离葡萄牙和宗教裁判所的迫害，找到至少可以通往英国或尼德兰的途径，最终到达一个安全的避难地，可以在那里公开宣布自己真实的宗教信仰。

1544年底，比阿特丽斯移居威尼斯，仍伪称自己是基督教徒。由于家庭纠纷愈演愈烈，她的姐妹（后来成为一个忠诚的犹太教徒）举报她信仰犹太教，她遭到监禁；当时的奥斯曼帝国政府插手干预，而且此事危及了国家之间的稳定关系，这样，她才获释。最后，1550年在费拉拉，在埃斯特家族埃尔科莱二世公爵的庇佑下，比阿特丽斯才抛开伪装，改掉她的"马拉诺"名字比阿特丽斯·德卢纳，换成更具犹太色彩的名字"纳西家族的格拉西亚"（相当于汉娜）。人生的最后几年，她是在君士坦丁堡度过的，住在加拉塔的豪华住宅里，俯视着博斯普鲁斯海峡，接连不

图4 约1553年，帕斯托里诺·德帕斯托里尼为纪念格拉西亚·纳西夫人而铸的勋章。

断地从伊比利亚半岛救出犹太人，照顾穷苦人。有人说，“每天她家的餐桌边都坐着八十个乞丐，口中念诵她的名字”。她还资助犹太学者、经书出版以及一些神学研修机构和犹太会堂；在费拉拉，她冒险资助出版过希伯来文和西班牙文的费拉拉版《圣经》，对于其他事也有资助。

在《以色列流难告慰书》中，格拉西亚的同代人塞缪尔·乌斯奎用了整整一节的篇幅，专讲格拉西亚夫人组织西班牙犹太难民逃离。他的赞颂之词绝对恰如其分：

你们[以色列人]见过神的仁慈以人的面目出现,祂为拯救你们赐予你们仁慈而且永远对你们仁慈,除了你们,谁还有此等幸运?米利暗姆牺牲自己拯救教友,这与生俱来的虔诚重现于世,除了你们,谁还见过?像底波拉管理她的族人时那样的缜密谨慎,除了你们,谁见过?以斯帖帮助那些受迫害的人,表现出无上美德和伟大圣洁,除了你们,谁见过?那位最贞洁、极有胸襟的寡妇犹滴,不辞辛劳救出受围困的百姓,其广受赞誉的意志,除了你们,谁见过?……是她(格拉西亚·纳西夫人),在你们危难时分、紧急时刻,给你们母亲般的关爱,神般的宽容……救助了许许多多穷困悲惨的可怜人;甚至对敌人,她也不会袖手旁观…… 就这样,她以济世救人的贤能和神一般的智慧,将大多数陷入这样或那样悲苦深渊的犹太人救起来,她不忍见犹太人遭受贫穷和罪恶的奴役;她把他们救到安全之地,并继续引导他们信从上帝,即他们的先辈尊奉的神……(塞西尔·罗思英译)

巴尔·谢姆·托夫(约1700—1760)——哈西德派

表相存在欺骗性。看看电视屏幕,看看纽约、伦敦、耶路撒冷街道上那些不打领带的犹太人,留着络腮胡子、长长的鬓角,戴着乌黑的帽子,穿着双排扣礼服,你很有理由认为他们代表了最保守、最传统的犹太教派别。但是,衣服本身应该透露的是,一切并不像表面上看起来的那样。摩西没这样打扮过,犹大主教、萨阿迪亚或赖施也不是这般打扮。这种衣服,就像哈西德派犹太传统乐队的音乐一样,即便出现在18世纪的乌克兰或波兰也没有什么不合时宜,那是哈西德教派真正的故乡。这个教派在其发源地被视做革命的民粹主义运动，威胁着已有的宗教秩序和传统。

> ### 巴尔·谢姆·托夫（贝施特）
>
> “巴尔·谢姆”（希伯来文是“圣名之主”）的名号过去是给予信仰疗法医师的，人们认为这些人书写或念诵圣名，就会达到神奇的治疗效果。“托夫”的意思是“善”。巴尔·谢姆·托夫（Baal Shem Tov）的起首辅音字母可缩写为“贝施特”（BESHT）。

这场运动的奠基人是伊斯雷尔·本·埃利泽，通常人们更熟知他的另一个名字，即作为游医的巴尔·谢姆·托夫（见文本框）。他生于乌克兰的波多利亚，出生时父母年事已高，很小就成了孤儿，在贫困之中长大成人。小时候，他没表现出什么特别的天分，人们委托他接送孩子去犹太教会小学；甚至在那个阶段，他就时常走进喀尔巴阡山脉的丛林，在大自然中苦思。他结过婚，一度开过一家客栈勉强维持生计。

依照一本权威的圣徒传记《赞颂贝施特》中的说法，直到三十多岁时，他才向亲近的信徒表露自己是一个博学深思的学者，一个神秘主义者。身为具有人格魅力的医师，他吸引了广大的信众，激励人们崇拜上帝，纯朴而快乐地信守神的圣诫。他有一点非常像耶稣，即愿与妇人、淳朴的人交谈，明目张胆地漠视律法的繁文缛节，这让正统宗派心生反感。

由于像波兰缅济热奇的马吉德那样的游方传道士四方布道，这场运动遍及乌克兰和波兰，很快，哈西德派教徒就开始在犹太会堂里又跳又唱，甚至还喝酒，让权威人士甚为不安；他们还自拥“拉比”替代传统的拉比。他们的热情、人人平等的观念，还有对传统神学权威的漠视，吸引了大量的追随者。很快，哈西德教派有了自己的社团，每个社团都有一个世袭“拉比”或“义人”做首领，指导信众，演示神迹。早期的许多异端教派依然兴盛，它们与城镇名称连在一起，为世人所知，比如贝尔兹的哈西德教派、热尔的哈西德教派、布拉特斯拉法的哈西德教派；还有一些教派仍由“拉比”领导，其中“仪式派拉比”迈纳海姆·蒙德尔·施尼尔桑恩也许是近年来最有威望的了。

发展过程中，哈西德教派也针对米特纳盖德等对立派别提出的反对意见，调整了教义。哈西德教派的教士更加遵守律法，愈发致力于神学研究，许多拉比既是非常虔诚的信徒，也是知名的学者。与米特纳盖德教派不同，他们强调《塔木德》的重要地位，也同样强调犹太神秘哲学和神秘主义研究的重要性，推动神秘哲学的大众化；他们接受神的超验性，更强调神的无所不在。讲述故事是哈西德教派传道的一个重要手段；马丁·布贝尔将许多故事改写为德文（目前布贝尔的作品有英译本传世），让更广泛的公众理解了哈西德教派的意蕴。

哈西德教派赞同传统的弥赛亚教义，但也强调个人的救赎甚于民族的救赎。通常，这个教派致力于缓和（虽然从不放弃）对救世主的渴望；后期仪式派拉比的追随者宣称，仪式派拉比本人就是弥赛亚——这个观点更多地要归因于基督教福音派，而非哈西德教派。

摩西·门德尔松（1729—1786）——启蒙者

伊斯雷尔·巴尔·谢姆·托夫与摩西·门德尔松这两个同代

人之间对比强烈，这在犹太世界里是很少见的。他们观点对立，却同样对犹太教后来的发展有着深远的影响。

门德尔松生于德绍，后迁居至柏林。在柏林，他私下自学了数学、哲学以及多种语言；那个时代，犹太人不许上大学。他只得在一个富裕的犹太丝绸商人家里当家庭教师维持生计。最终，他与年轻的德国自由主义戏剧家、批评家戈特霍尔德·埃弗拉伊姆·莱辛结为朋友；人们认为莱辛笔下的智者纳旦就是以门德尔松为原型的。门德尔松人生这段时期的巅峰是在1764年，他撰文讨论形而上学与科学方法之间的关系，获得柏林学会的最佳论文奖；他的竞争对手中竟有伊曼纽尔·康德！门德尔松1767年创作对话录《斐多》，讨论灵魂不朽问题，此书为他赢得了“德国苏格拉底”的称号。

1769年，瑞士教会执事约翰·卡斯帕·拉瓦特尔致信挑衅门德尔松，要他或者与基督教辩论，或者“以理性和正直行事”，改宗基督教。门德尔松勇敢而不失尊严地予以回应，坚守自己的犹太教信仰，甚至声称犹太教优于基督教，因为犹太教从根本上比基督教更宽容。他写道：

> 依照我教的基本教义，我决不会妄图劝任何生非我教之人归于我教……我教拉比全都提倡，组成我天启之教的书面与口传律法只约束我族……我们认为，地上其他民族接受上帝训导，（只须）信守自然之法与各自祖先传下的宗教。他们依照这种自然与理性的宗教引导自己的生活，就是“行义举的外邦人”，就是“永恒救主的子民”。我教拉比决无劝人改宗之愿，他们教导我们以最真挚的忠告，劝阻那些自愿皈依的人……

我的同代人中如果有孔子或梭伦那样的人，我会始终如一地按照我教教义，爱并钦佩那位伟人；我从来没有劝孔子或者梭伦改宗这样荒唐可笑的想法。真正地劝他改宗！为什么？他不是希伯来族人，因而也不依从我教律法；涉及教义，我们理应相互理解。我认为他会获得“拯救”吗？我以为，现世生活中，不管是谁，只要引导民众信守美德，来世就不会遭受诅咒——我不怕任何威严的教派召我去解释这个观点，就像索邦神学院召来诚实的马蒙泰尔责问一样。

门德尔松热情洋溢地支持犹太人拥有公民权，率先公开指责犹太种族隔离主义。他强烈敦促他的犹太同胞在宗教信仰许可的范围内融入德国的文化和社会之中，说标准德语，少说意第绪语。他用希伯来语字母将《圣经》内容译成德文，并写下希伯来文评注，这部作品的传播远及英国，得到热情传诵；一些因循守旧的人虽然未革除他的教籍，却对此书深表不满。1781年，他支持在柏林建立了犹太自由学校，不仅讲授传统的《塔木德》和《圣经》，还讲授世俗科目、法语和德语。

在哲学著作《耶路撒冷》中，他支持政教完全分离；既反对教会拥有财产，又反对基督教会和犹太会堂行使革除教籍的权力。他强烈反对泛神论，然而，他自己的“自然和理性的”宗教信仰就接近于自然神论。门德尔松与很多同时代基督教徒一样，疏于系统地阐述教义；甚至，他虽然没有明确表示对《圣经》源自于神这一点的怀疑，但对他来说，《圣经》就是“天启的立法”，不受教条的束缚。“犹太教的精神就在于信守教义无违自由，行为自由无违律法。”他坚称。

这样的观念远离犹太宗教传统的主流，却使人得以在接纳启蒙运动中发现的价值观的同时，深入理解自己的信仰。不仅改革派犹太教，就连现代正统派犹太教都大量采用了门德尔松的开创之举，即把传统和现代性结合起来。

第四章

犹太人的历法与节日

日、月和年

犹太历的关键是自然规律。

有一天，你睡醒过来，远离文明，没有历法，没有时钟，这时该如何标记时间的推移呢？随时间的流逝，你如何庆贺或者纪念生活中有重大意义的事件呢，比如生日、从沉船逃生的那一天、收获的日子？

你会注意到日出日落，会观察到太阳升到最高处刚好是一天的正中午时。然而，你无法确定午夜时分。所以，你的一天就起于日出或日落时分，或者就在那前后。事实上，两种方法都在犹太历法之中保留下来。祭祀过程开始于一天的黎明时分。如有其他的目的，一天则开始于黄昏。比如，这就是为什么安息日并非始于星期五或星期六的子夜，而是稍早于星期五日落之前——确切的时间则随着季节和纬度的不同而变化，并且公布在犹太人的出版物上。

这个简单的事实却引起重大的后果。如果安息日起于午夜，就很少有人注意得到。但是，安息日开始得早，安排在晚饭之前，于是，星期五晚上开始守安息就成了犹太人的一项重要社会习俗。人们到犹太会堂参加祈祷活动,唱优美的诗篇和圣诗,再回到灯火通明的家里,坐到节庆的餐桌边,对着一杯红酒,默诵祈福祷词,一起掰开面包;伴着感恩歌和赞美诗的吟唱,家人和访客都融入精神愉悦的氛围之中。甚至那些不去犹太会堂的人,或者不特别信奉宗教的人,也会在星期五晚上举行家庭聚会。如果说家庭观念和家庭与社区归属感还存在于犹太教之中,这主要是因为安息日开始点燃蜡烛时,家人感受到的那种祥和融洽的气氛。

一天始于日落时分,而不是始于子夜,就说这么多吧。月与年是怎么算的呢?

自然规律仍是关键。一个月(Month这个词派生于“月亮”moon)是月亮一盈一亏所用的时间,刚好二十九天半多一点。一年,就是四季循环一轮所用的时间(现在我们知道这取决于地球绕行太阳的轨道),不到三百六十五又四分之一天。利用自然规律来确定时间特别麻烦,因为根本没有办法用月的长度来整除年。穆斯林放弃了太阳年的算法,以十二个太阴月为一年,每个年度比其他地区大致少十一天;他们的节庆无法以自然为基础,因为这些节庆都跨季了。西方基督教徒的历法中,年度符合四季循环的时间,然而,月份不再涉及月相变化。犹太拉比所采用的历法能做到两全其美,然而,严格遵循自然规律也要付出一定的代价;月份要在二十九天和三十天之间变化,年度要在十二个月和十三个月之间变化,每十九年就有七个闰年(有十三个月的年份)。犹太历法虽复杂,却实用。这样,月朔得到庆贺,四季变换也得到纪念(见表4.1)。

《圣经》纪年中,月朔是一个相当重要的节日——书念的一位妇人在儿子病倒时匆忙去求先知以利沙,她丈夫大惑不解,

表4.1　犹太人的月份

犹太历	对应的公历(月份有交叉)
尼散月	3月—4月
依雅尔月	4月—5月
息汪月	5月—6月
塔慕次月	6月—7月
阿布月	7月—8月
厄路耳月	8月—9月
提市黎月	9月—10月
赫舍汪月	10月—11月
基色娄月	11月—12月
太贝特月	12月—1月
舍巴特月	1月—2月
阿达尔月	2月—3月
第二阿达尔月	**只存在于闰年**

因为那天“既不是月朔,也不是安息日”(《列王纪下》,4:23)——但在后来的犹太教中有点淡化了。尽管如此,中世纪的某些犹太教社区仍然禁绝妇女在月朔节工作。犹太女权主义者注意到这个中世纪的小事,便以此为由,重申罗什霍代什节(月朔节)为女性复兴的节日,在那天,妇女诵读祷告文,赞颂女性精神的方方面面。现在全世界有很多罗什霍代什节协会,其建会的目的就在于鼓励女性参加祷告,接受宗教训导。

朝圣诸节

源自《圣经》的三个最流行的节日是“朝圣”——或者叫“远

图5　英国犹太家庭，于住棚节在棚舍中用餐、研读《托拉》。

足”诸节，因为在古代，人们朝圣就是到耶路撒冷的圣殿中欢庆。伟大的犹太哲学家亚历山大的斐洛死于公元1世纪初，他曾生动描写了当时朝圣的情况：“无数的民众从无数的城镇赶来，他们翻山越岭，漂洋过海；每次庆典，人们都从四面八方汇聚而来。他们把圣殿当做避难所，远离尘世的忙碌与喧嚣，在那里寻求平和的气氛，不再理会早年间套在身上的重轭，面对和美宜人的场面，享受这简短的喘息时光。”

这三个朝圣节日有一个共同的主题，即在上帝面前欢喜：“在这节期以内，你们要欢乐”；把自己带到“耶和华选择的地方”（耶路撒冷），献上你带给上帝的“礼物”（《申命记》，16:14—16）。传统上，节日的欢乐表现为尽情吃喝，表现为给女人购买新衣服。快乐只有与对生活困苦者的关心结合起来，才算完美；同一节经文又说,“……陌生人、孤儿和寡妇同你们在一起”;因此,直到今天,节日期间人们都慷慨解囊,捐助贫困。

每个节日都有一种关乎历史的、关乎精神的、关乎耕作的意义;神秘主义者会深入钻研,挖掘其隐含的、内在层面的意义(见表4.2)。

总体上,犹太教会堂里的仪式比较温和,但也有例外。1663年10月14日,英格兰日记作家塞缪尔·佩皮斯心血来潮,第二次参观了位于伦敦克里教堂路的犹太会堂。所见所闻让他叹为观止。简直是群魔乱舞的场面,胡须花白的老人手持《托拉》卷轴,在会堂里欢呼跳跃,像小山羊一样。佩皮斯情不自禁,想探个究竟。当天是庆法节,是住棚节最后一天的大庆祝,《托拉》年度阅读周期结束了,又重新开始,犹太人结队围绕会堂中心的平台,欢快地舞蹈。

节日庆典对于家庭来说,和对于犹太会堂一样重要。无疑,最流行、最让人着迷的庆典是逾越节家宴。它的起源可以远溯到耶路撒冷圣殿宗教仪式中的逾越节献祭羔羊,羔羊在逾越节前一天的午后被杀掉,当晚,即逾越节的第一天晚上,在家中仪式性地食用羊肉。在神殿诵读完“哈列颂诗”(《诗篇》,113—118)之后,转而进行家宴。现在已经没有献祭的羔羊了,而吃无酵饼(未经发酵的面饼)和喝苦草饮料的习俗依然盛行。

晚间的安排则是围绕“哈加达”,即“讲述《塔木德》中的故事”展开的。“哈加达”也是一本书名,内容主要是宗教仪礼;很多犹太人引以为荣的就是收藏了各种版本的《哈加达》,有些版本印刷精美、配有插图,其中有许多包含了解释说明以及时新的评注。实际上,《圣经》中说,“在那日,你要告诉你的儿子说:‘这是因为耶和华在我从埃及出来的时候为我所行的事’”(《出

表4.2　朝圣诸节及其寓意

节日	历史意义	精神寓意	农业耕作的寓意
逾越节春季	纪念以色列人逃离埃及，挣脱奴役的枷锁	上帝是救世主；以色列人不再是埃及法老的奴隶,成为只忠于上帝的仆人	春天开始的节日，万物复苏的节日，最早成熟的谷物大麦开始收割
五旬节初夏	上帝在西奈山赐予十诫、与以色列人订约的日子	上帝在西奈山启示《托拉》，在**精神**维度上达到出埃及的目的,这才是彻底地救以色列人出了埃及	纪念第二次谷物收割(大麦)和水果第一次成熟
住棚节秋季	上帝保护荒漠中的以色列人:“好叫你们世世代代知道，我领以色列人出埃及地的时候,曾经使他们住在棚里。”(《利未记》,23:43)	上帝是我们的保护者;这被表现为离开我们的家,住在简陋的茅棚里(结茅节)	每年的最后一个收获节

埃及记》,13: 8),逾越节家宴仪式要体现的就是这条圣诫。

逾越节家宴是人人参与的大事。大家在一起读经、论经,唱圣诗。其中一个有趣的环节是,一开始由最小的孩子用希伯来语唱出“四个问题”。这个孩子很有可能已经练了好几周,激动地盼望着能和成年人一样睡得这么晚。极少有犹太人会忘记

图6　耶路撒冷的一家幼儿园，孩子们正在学习如何庆祝逾越节，参加家宴（1971）。

“为什么今天晚上与其他所有夜晚都不一样……”之类的话，这句话总能把人带回童年时代一家人其乐融融、团团围坐的美好回忆之中。

自拉比犹太教时代，逾越节家宴上喝四杯红酒已成为习惯。这代表四个阶段的救赎，从出埃及算起（家宴前），到弥赛亚为止（家宴后）。有的还喝第五杯，或只是把这杯红酒倒在桌面上，“以祭先知以利亚”。

气氛融洽的逾越节家宴上的乐事之一就是大家一起论经，或者是讨论公开出版的各种评注，或者是讨论随便聊到的某句经文和很有创意的想法。近年的若干版《哈加达》，都想把书中的训诫应用于当代出现的问题：当代社会背景下，民族是什么样子，边缘化的群体是什么样子，应该通过什么途径来“解放”他们？

家里为逾越节作准备，气氛很紧张，节前一定除掉所有发酵的物品，依照《圣经》中的训导，这是最主要的事（《出埃及记》，12: 15—20，13: 7）；因而，这是一次彻底的春季大清扫时机。过节要用的是特殊的器皿和食物，不能有发酵物。犹太杂货店以及现今的普通超市都提供各种可供逾越节食用的食品；犹太人的烹调书籍通常选编有逾越节食谱，其中面粉的替代物就是无酵食物或者马铃薯粉。

敬畏日

并非所有犹太节日都充满欢乐。犹太新年与犹太赎罪日虽然不是悲惨的场合，但气氛很严肃，由新年开始到赎罪日结束，这十天是赎罪期。为期十天的赎罪期最终结束了敬畏日，即开始于犹太新年前一个月、为期四十天的悔罪过程。（有点像基督教大斋节，只不过不在春天，在秋季。）

在新年前夕的宴会（记住，始于前一天傍晚）上，人们吃那些象征甜美、福祉和丰足的食品。他们用面包蘸蜂蜜，而平时蘸盐；掰开面包之后，吃一片蘸有蜂蜜的苹果，再祷告："唯您之愿，赐我们以丰年。"

早课很漫长，有四到六个小时，人们都会参加，即便有不少人会无意中迟到。祷告词以上帝为中心，上帝的形象是造物主，是王，是最高审判者，只有信靠祂、求祂慈悲的人，祂才赐予宽恕和怜悯。当天最有特色的是宗教仪式间歇时不断吹响羊角号。羊角号吹口参差，吹管也不规范，音准不容易把握，但是，吹到极处能很好地激起悔罪之意，体现先知的话："城中如果吹起号角，居民怎会不惊慌呢！"（《阿摩司书》，3: 6）

公元1世纪早期，斐洛提出，犹太教的赎罪日仪式"不仅由虔诚和圣洁的人，也由那些在日常生活中不按宗教方式行事的人奉行"。至今仍是如此。至少赎罪日当天（那天的祈祷持续一整天）的部分时间，犹太会堂里会人满为患。并不是所有进犹太会堂的人都渴求上帝宽恕他们的罪，或者都深刻反省和悔罪，从对上帝仁慈的深信不疑和对脆弱人性的同情中获得平和。实际上，这就是赎罪日的本来主题，也是虔诚的人所追求的。然而，对许多人来说，犹太赎罪日那天在犹太会堂露上一面，这是在申明自己的犹太人身份，而不是尽宗教义务。

然而，这是证明身份的一种不寻常的方式，特别是在与斋戒——事实上，这种行为往往只有极少的宗教意义——相结合时。因为赎罪日不仅跟安息日一样，不允许劳作，还有五种自我约束的形式：禁食、禁酒（这两项只算是一种），禁抹香膏，禁止同房，禁止洗浴（求舒适的洗浴）和禁穿皮鞋。

悔罪不仅是赎罪日的主题，还是犹太教的主要思想。它是“回到”（悔罪一词的直译）上帝身边，包括对罪的认知、悔过和忏悔，重新走上正途。完成这个过程，不需要献祭，也不需要中间人，只需信靠上帝的眷顾。《密西拿》（见第28页）中有正式的说法：

> 悔罪不管是主动的还是消极的，都可以（立刻）弥补小罪，但如果犯了重大的罪，就得等到赎罪日来赎罪了。如果有人说，“我就要犯罪再悔过，再犯罪再悔过”，他就没机会悔过了。如果有人说，“我会犯罪，赎罪日会救赎”，赎罪日就不会救赎了。人对上帝犯了罪，赎罪日会救赎，但是人冒犯了别人，赎罪日就不会救赎，除非他们之间实现了和解。

古老祷歌《科尔·尼德拉》得到充分重视，它开启了赎罪日前一天的犹太会堂仪式。其阿拉米语祷歌歌词虽是一种单一的惯用文句，乞求赦免漫不经心的誓辞，然而，那悠远动人的旋律与庄严的氛围相结合，构成了犹太历一年中最富情感的时刻。会堂内全体教众身穿最体面的衣服，满怀敬畏和期待，平静地聚在上帝的面前。

第二天，斋戒结束，最后的仪式是“奈依拉”（即“关闭天堂的大门”）；崇拜者此时被鼓励去充分利用天堂大门仍然开启的最后时光。众人齐唱：“我们的父，我们的王”，教众齐声高诵“与上帝同在”，羊角号最后吹响了。此时，仪式达到情感的高潮。

关于主要的节日就说这么多。还有许许多多的小节日，流传最广的是光明节、普珥节、新年植树节，以及以色列独立日。

光明节纪念的是约公元前165年哈斯蒙王朝重建圣殿。《塔

图7 绍法号通常由羊角或野山羊角制成；不能用牛角制作，因为这会让人联想到崇拜金牛犊之罪。

表4.3　犹太历中的2004—2005

（注：犹太新年是在秋季，所以犹太年会横跨公历年。犹太历5765年是闰年，从公历2004年9月16日到2005年10月3日）

公历	犹太历	犹太节日
2004年9月16日、17日	提市黎月1日和2日	新年
2004年9月19日	提市黎月4日	基大利斋戒日
2004年9月23日	提市黎月10日	赎罪日
2004年9月30日	提市黎月15日	住棚节第一天
2004年10月7日	提市黎月22日	圣会节
2004年12月8日	基色娄月25日	光明节第一天
2004年12月22日	太贝特月10日	太贝特月10日斋戒日
2005年1月25日	舍巴特月15日	新年植树节
2005年3月24日	阿达尔月13日	以斯帖斋戒日
2005年3月25日	阿达尔月14日	普珥节
2005年4月24日	尼散月15日	逾越节第一天
2005年4月30日	尼散月21日	逾越节第七天
2005年6月13日	息汪月6日	五旬节
2005年7月24日	塔慕次月17日	塔慕次月17日斋戒日
2005年8月14日	阿布月9日	阿布月9日斋戒日

下面附加的节日只在流散各地的犹太人中庆祝：

2004年10月1日	提市黎月16日	住棚节第二天
2004年10月8日	提市黎月23日	庆法节
2005年4月25日	尼散月16日	逾越节第二天
2005年5月1日	尼散月22日	逾越节最后一天
2005年6月14日	息汪月7日	五旬节第二天

木德》这样描述光明节的源起：

> 为期八天的光明节开始于基色娄月25日，人们可能不会赞颂此节，也不会因此节而斋戒。希腊人进了圣殿，弄脏圣殿里所有的油，但哈斯蒙王朝强大起来，打败希腊人之后，他们四处寻找，只发现大祭司封存起来的一坛油，仅够一天之用。奇迹发生了，那坛油用了八天。后来某年，他们把这几天定为节日，用以赞美上帝，感谢上帝。

这段“油的奇迹”其他资料没提到过。通过聚集于此，拉比把因战胜敌人而感恩的节日转变为对光明战胜黑暗的庆贺；《撒迦利亚书》中是这样说的：“不是倚靠权势，不是倚靠强力，而是倚靠我的灵。这是万军之耶和华说的。”（《撒迦利亚书》，4：6）

为期八天的节日，每天都点亮烛火，“宣扬神迹”。第一天晚上点燃一盏，第二天点两盏，以此类推，最后一晚点八盏。油灯已被蜡烛取代，现在，大多数人都有为光明节特制的八连灯大烛台，或枝状大烛台。很多枝状大烛台设计得很漂亮，由贵重金属制成。

《圣经·以斯帖记》中记载，普珥节庆祝的是犹太人从波斯王亚哈随鲁要灭绝他们的危险之中获救。希伯来人羊皮古卷本的《以斯帖记》，在毕恭毕敬地举行过宗教仪式之后，一早一晚要当众诵读。一个广为流传的习俗是，只要读到恶棍哈曼的名字，人们就会砰砰作响地敲东西，嘘声一片。比较苛刻的人反对这种做法，他们强调，每个词都应该让人听清楚。

这个节日有种狂欢的气氛，人们常常会打扮起来，组成狂欢游行队伍，甚至还会举行一场充满嘲讽意味的普珥节大辩论。遵从《以斯帖记》第9章第22节的教诲，救济物被分发给穷人，众人互赠礼物，大摆宴席，尽情欢乐。至于陶醉到何种程度才算值得称许，那就见仁见智了。

《塔木德》提到过新年植树节，只是在近代“复国”之后，该节才演变成流行的节日。特别是在以色列，新年植树节的标志就是学校放假，举行植树典礼活动。另外还有一个广泛流传的惯例，即按照当月的日期，吃十五个水果；以色列特产的水果最受欢迎。

依雅尔月5日（公历的4月底或5月）被定为犹太历上的以色列独立日；不管是政治方面，还是宗教方面，对此都有争议。不过，以色列境内外的许多犹太人既会组织社会活动，也会诵读特别的圣诗和祷告词，以庆贺这个日子。

斋戒日

除赎罪日之外，一年之中还有五个公众斋戒日；其中最重要的要属阿布月9日，用以纪念圣殿遭毁和其他惨剧。赎罪日和阿布月9日的斋戒要持续二十五个小时，从头天日落之前到第二天夜幕降临之后，不能吃喝任何东西；当然，那些禁食有困难或有危险的人会被特许进食。其他斋戒日只是在天明到日暮这一段时间禁食。

第五章

精神生活——祈祷、沉思、《托拉》

这里要讲一个故事,出自《塔木德》。有些注解放入方括号内;由读者自己分辨每次所使用的人称代词“他”是指谁。对先知以利亚在故事中出现,不必惊讶;《塔木德》成书之前约一千年,以利亚驾烈火战车升天,然而,他的确时常回来引导并激励博学而诚挚的人。甚至在我们充满怀疑的岁月,也有人自称见过以利亚现身。顺便说一句,“注定要去来世”的意思,与基督教徒所说的“获救”差不多一样。

> 霍扎阿的巴洛卡拉比以往常去勒斐特集市,以利亚常与他同行。他问他,“这个集市上有人注定要去来世吗?”他说,“没有!”
>
> 过了一会儿,他见一个人穿着黑鞋,身上连一根蓝线都没有[换言之,他没按犹太人的方式着装]。他说,“那个人注定要去来世。”
>
> 他追上去,问他,“你是做什么的?”他说,“现在要走,明天再回来。”第二天,他问他,“你是做什么的?”他说,“我是个狱卒。我要把男人和女人分开,把我的床放在他们中间,这样他们就不能做违禁[《托拉》所禁止]的事。

我见到异教徒喜欢上犹太姑娘时，就会不嫌麻烦地保护她。一天,有个订了婚的姑娘让异教徒喜欢上了。我就把杯子里剩下的红葡萄酒,泼到她的裙子上。他们就以为她正在经期[这样,就不会打扰她了]。”

“为什么你的衣服上没系[蓝色的]流苏,为什么穿黑色的鞋子呢?”

“因为我在异教徒中行走,不想让他们知道我是犹太人,这样,他们颁布对犹太人不利的法令时,我可以禀告拉比,拉比们就会祈祷,从而避开法令造成的危难。”

“为什么我问‘你是做什么的’,你却回答‘要走,明天再回来’呢?”

他说,“异教徒刚刚颁布一条法令,我说,我必须先去禀告拉比,这样,他们可以祈祷。”

其间,有弟兄两个走过来。他对他说,“他们两个注定也要去来世。”

他追上去,问他们,“你们是做什么的?”他们说,“我们是小丑。我们给沮丧的人带去快乐。或者,我们看到两个人吵架,就过去劝和他们。”

这个离奇的传说只针对一些人,这些人认为自己知道“精神的”是指什么。以利亚向墨守成规的巴洛卡拉比表明,“精神英雄”不夸耀自己虔诚,甚至也不像巴洛卡本人(他显然想从先知那里得到**从未**得到的赞美)这样博学而虔诚。他们看起来可能很平常,甚至不像平常意义上信教的,他们平和的举动却提高了周围人的生存质量——他们是关照他人、富于同情心的人,利用自己的天分减轻人们的负担。

所有这一切似乎离《圣经》对精神性的要求太远:“你们要分别为圣,因为我耶和华你们的神是圣洁的。”(《利未记》,19:2)但是,圣洁只能在斋戒、祈祷和“精神的”行为中找到吗?显然不是。事实上,《利未记》第19章下面的内容主要是谈社会行为,没提斋戒和祈祷。“在你一切所行的路上, 都要承认他”(《箴言》,3: 6),这一句说明了在犹太传统中理解精神性的方法;生活的**每一个**方面,都应该是信奉上帝的手段,而不能仅仅履行“宗教”责任。真正的精神性,或者笃信上帝,既要表现在祈祷、研读经书或者禁欲苦修之中, 也要体现于日常的社会交往之中。

然而,祷告是犹太教关切的重点,是表达精神性的主要形式。与祷告同等重要,甚至更重要的是研读经书。两者都是为了表达我们的“忏悔”,为了“回到”上帝的怀抱,回到我们的家园。

何谓祷告?

《圣经》记载了很多个人祷告的例子;最好的一个例子是所罗门在圣殿落成典礼上的祷告(《列王记上》,8:22—53)。《诗篇》收录的既有个人祷告词,也有集体祷告词;它们被称为“第二圣殿时期的祷告书”。很多篇目今天读来依然清新,还在激励着犹太教徒与基督教徒崇拜上帝。

也许因为人们把祷告当成正常的人类活动,《圣经》便没有明确的“圣诫”要求人们祷告。可是,拉比在《申命记》(10:20)的经文中发现了一条圣诫:“耶和华你的神,你必须要事奉祂。”因为祷告就是“事奉”,即“用心事奉”,这与在圣殿中献祭事奉上帝形成了对比。该节教导我们,应该通过日常祷告事奉上帝。迈蒙尼德(1138—1204)是这样说的:“一个人(不论男女)每天都

图8　犹太教会堂，位于伦敦贝维斯·马克斯街，1701年建成，取代了克里教堂街的犹太教会堂。为英国现存最早的犹太会堂，仍在使用。

应该向上帝求恳、祈祷，赞颂唯一的神，如果他有福了，就因为自己的需求而向上帝祈祷……然后因上帝的赐予，每个人都该尽其所能，赞美上帝，感上帝之恩。”

精通《塔木德》的拉比讨论祷告时，引入卡瓦纳（意为“方向”、“意图”），或者说“灵性”这个概念。他们把哈拿求子的祷告文（见《撒母耳记上》第1章）解释为诚挚自然的祷告的范例；从哈拿身上我们看到，祷告要求**内在的**信奉，要求的是发自内心，而不是仅凭口说。祷告不仅仅是口中说的话；用《诗篇》的话来说，祷告是“内心的流露”，是“发自内心深处的求告”。

卡瓦纳有许多层面。立陶宛拉比哈伊姆·索洛韦伊奇克

(1853—1917)区分了两种情形下的卡瓦纳，一种是理解祷告词这个简单意义，另一种是意识到在上帝的跟前并求恳祂。索洛韦伊奇克坚信，后者是祷告中不可或缺的；凭口说话，无论有什么含义，如果没有那种敬畏和神秘的深义，就不是祷告。

引词、赞美、感恩、求恳（为自己和他人）、忏悔和请求宽恕，这些是祷告的主要内容。

那么，向谁祷告呢？迈蒙尼德的"信仰原则十三条"（见附录A）第五条说："正确的做法是直接向造物主祷告，不向任何其他的存在者祷告。"他不赞成神秘主义者的做法，神秘主义者有时向天使或者舍金纳（神显现的形象）祷告，而不是"直接"面向大能的造物主。

《光明篇》是西班牙犹太神秘哲学（公元13世纪后期）的巅峰之作，它把祷告视为雅各的梯子，能够连接尘世与天堂："祷告的声音传到天上，十二道天堂的大门敞开，站在第十二道大门门首的是亚纳尔，他是专职主管天下万国的天使。祷告的声音传上来后，天使就站起来，对每个大门都说这样的话：'众城门啊！抬起你们的头来……'（《诗篇》，24），所有大门都打开了，祷告声就进去了。"天上的天使都走出来调停，所有障碍都已清除，地上的和天上的联系在一起。

本质上，祷告是个人与上帝之间私下里的交流，不一定要在犹太会堂里；不管人在哪里，都可以诵读正式的祈祷文。但是，教堂会众的集体祷告多了一份精神的意义，舍金纳（神显现的形象）出现在"以色列的营"，忠信上帝的人聚合的地方。因此，达到礼拜的规定人数——传统上是多于十位十三岁以上的犹太男性，如果可能的话，就应该诵读常规的祷告文。尽管不是必须的，但还是在犹太会堂中祷告好一些；在讲经堂中祷告更好，那是定期学习《托拉》的场所，因而要比“仅”供祷告或公众集会的地方更加圣洁。

《塔木德》至少记录了一个例子：一个女人的祷告好过她丈夫的祷告。然而，女人被归入“私人”的范畴，因而无法充当祷告规定的人数，也不一定要去公众场所敬拜。女人所用的特殊的意第绪语祷告词，被称为“泰奇内斯”，具有独特的精神性，也许早在公元15世纪就专为私人使用而创写了。犹太教的非正统派分支（见第七章）在不同程度上已经赋予女人在犹太会堂中与男人相同的地位。自1980年代以来，正统派犹太教女性专用的祷告程序已按标准的敬拜过程，创写出相似的祷告文，虽然对此尚存在争议。

祷告有用吗？

祷告“有效果”吗？**有用**吗？纳粹大屠杀的苦难经历使很多犹太人都否认上帝是“干涉主义者”这一传统观念；上帝确实没有理会子民的祷告，没有救他们逃出骇人听闻的浩劫。甚至在大屠杀之前，有些人就被科学和哲学观点所说服，相信与传统教义相反，上帝不会直接介入人间之事。

不过，传统派依然相信，上帝会回应人的祷告，改变客观现实。有的人强调祷告的**间接**效果；祷告通过人的心理过程影响客观事件，包括“自我实现的预言”这种现象。但是，现实并不那么简单。即便不可能用科学方法去证明祷告能改变客观现实，信徒也有充分的理由声称，他或她见证了上帝在现实世界的事件中现身。

可以肯定的是，祷告改变了祷告者的**内在**现实。实际上，标准的希伯来词语“泰斐拉”（即“祷告”）派生于意为“判断”的词根，因而表达了“自省”或“内省”的意思。在祷告过程中，祷告者可以更好地理解自我，从而获得精神上的拓展。可是，很多人认为这还不算是对祷告的充分表述。亚伯拉罕·约书亚·海舍尔（1907—1971[①]）斥之为“宗教唯我论”，因为祷告被等同于纯粹的自我暗示。而且他怀疑，祷告时一方面觉得上帝“好像”在倾听，一方面又同时否定祂在倾听，这就效果而言是不是可靠。

礼拜仪式

《诗篇》作者每天祷告七次（《诗篇》，119: 164），但以理每天在巴比伦祷告三次（《但以理书》，6: 11）。尽管有些学者持有异议，但似乎确然无疑的是，犹太人的祷告不论是个人的还是群体的，都与在圣殿中的敬神活动不同；它们早在公元70年罗马人毁掉圣殿之前就已很好地确立了。

然而，直到公元100年前后，才有人试图规范并确定祷告的程序。礼拜仪式的伟大先驱是迦玛列二世，他是位于耶路撒冷附近的耶维奈学院的院长，也是犹太人真正的领袖。大约在同一时期基督教徒也形成了一套基本的礼拜仪式；也许犹太教和基督教的领袖都认识到，固定的礼拜仪式是确定信徒的信仰、促进“宗教的正确方向”这一观念的途径。

无论如何，时至今日，迦玛列二世的礼拜仪式确定了犹太教徒祷告的形式和主要内容，不管是对改革派还是对正统派犹太教来说。有三种日常的“侍奉程序”：晚祷叫玛阿里夫（或叫阿拉维特）；早祷叫莎查里特；午祷叫敏彻。安息日及节庆日，早祷之后再增加一个仪式叫穆萨夫（“附加仪式”），赎罪日还要增加

① 原文如此。应为1972。——编注

三种日常的侍奉	
玛阿里夫(阿拉维特)	晚上
莎查里特	早晨
敏彻	午后

奈依拉仪式(“关闭天堂的大门”)。

这些仪式是围绕两种重要的祷告文制定的。其一是《施玛篇》,由三种形式的经书诵读组成,开头称颂上帝是唯一的。另一种是《阿米达》(即“站立”),或称舍摩尼埃斯列(即“十八”,祷告文共计十八篇),包括赞美、祈愿与感恩。

《施玛篇》在晚祷和早祷时诵读，午祷时不诵读;《阿米达》总共背诵三次。

迦玛列二世只确定了祈福的开始与结尾,由祷告领诵人或个人礼拜者根据特定主题即席组织。他的祷告文简明扼要,用纯正的希伯来文写成,虽然也允许用方言祷告。

迦玛列二世之前,公众诵读《托拉》的形式已经确立下来,但没有固定的《托拉》选本,他也没有编选。现在犹太教徒中或多或少已经统一了的体系是在庆法节的开头与结尾,犹太会堂中要当众诵读《摩西五经》(即《创世记》、《出埃及记》、《利未记》、《民数记》和《申命记》),每个安息日早晨,要读一本手书羊皮古卷,即《托拉》卷轴,整部《托拉》一年诵读完毕。另外,还有很多其他选自《圣经》的常用祷告文读本。

祷告时的姿态

诵读《阿米达》祷告文时,要语调平静,要神情虔敬地面向耶路撒冷站立，双足并拢，双手交叉放在胸口；要微微鞠躬四次。正确的身姿并非绝对必要，但祷告时一心一意便不可或缺了；患病时，或在旅途中，站姿干扰注意力时，可以坐下；如果太过焦虑，无法集中精神，就不要按规定祷告。

希勒尔学派规定，诵读《施玛篇》，"无论什么姿式都可以"，不必采用任何特定的姿式。开篇称颂上帝为唯一时（"以色列啊，你要听。耶和华我们的神是独一的主！"），应该保持平静，合上双眼，双手覆于眼上，要全神贯注。但以理（《但以理书》，6:11）以跪姿祷告，圣殿中也有跪拜和磕长头的情形，但现在已不是犹太教徒的做法。犹太会堂中，跪拜与磕长头目前限于在新年和赎罪日的附加仪式中诵读《阿勒努》祷告文，限于在赎罪日背诵圣殿祷告文。

犹太会堂中的诗人与歌者

希伯来文的祷告诗深深扎根于《圣经》自身，比如《诗篇》。

《施玛篇》开篇（《申命记》，6: 4—9）

以色列啊，你要听。耶和华我们的神是独一的主。

祂的名应当称颂，祂的国永世长存。

你要尽心，尽性，尽力爱耶和华你的神。我今日所吩咐你的话都要记在心上，也要殷勤教训你的儿女。无论你坐在家里，行在路上，躺下，起来，都要谈论。也要系在手上为记号，戴在额上为经文。又要写在你房屋的门框上，并你的城门上。[①]

① 译文选自和合本《圣经》。——译注

公元7世纪阿拉伯人征服巴勒斯坦之前，巴勒斯坦地区的赞美诗（piyyut，这个词与英文的“poet”来源于同一个希腊文单词）研读学校已然盛行。最著名的赞美诗人是埃利埃泽·凯利尔，他的诗作在正统派犹太教的礼拜仪式中依然占有显著的位置。他的风格新颖独特，长于使用复杂的韵脚、藏头、叠句等手法，诗中多用新词以及听觉奇特的语法形式，当然，他也创作了风格简朴的好诗。

下面是两首对比鲜明的希伯来文祷告诗。第一首是悔罪赞美诗，出自穆斯林国家西班牙的诗人、哲学家所罗门·伊本·加比罗尔（公元11世纪）。

我惊恐不安，陷入深深的苦痛；那天，回想起我的无耻行径——我能对我的主说什么？

我沮丧，我无言；我记起了我的罪——我惭愧，我感到惶惑。

我的岁月在无聊中挥霍；因为后悔我的少年孟浪，心中再无平静……

我的罪让我焦虑，我的心灵让我安慰：“我们情愿落在耶和华的手里。”［参见《撒母耳记下》，24:14］

愿你离开你的座位，向我打开你的门，因为你的身边没有人。

哦，我的磐石，保护我！救我出我的罪，把你的《托拉》传给我……

宽恕我们的罪，不要惩罚我们少年时犯的罪，因为我们在世的日子只不过是影儿。

接下来我们再看看《来吧，我的朋友》一诗的前四节和最后一节。这首诗由犹太神秘哲学家所罗门·阿尔卡贝兹创作于1540年前后。星期五安息日开始时的晚祷，不论是正统派还是改革派犹太教的各种仪式上，依然诵唱此诗。诗中，安息日被人格化为新娘和女王。它提醒我们，安息日本身就是犹太教一个重大的精神体验，欢迎所有男人，也欢迎所有女人和孩子参与。

来吧，我的朋友，见见新娘，我们一起庆祝安息日！
独一的上帝宣布“守约”与“铭记”是同义
主是独一，耶和华是独一；你的名，荣光，我们赞美你！
　　来吧，我的朋友……
来吧，我们一起迎接安息日，因为她是福祉的甘泉
自始至今永远将得福的行止种进洁净的心田。
　　来吧，我的朋友……
王的圣坛，皇家的驻地，在废墟中升起！
你在泪之谷住了太久；祂会怜悯你。
　　来吧，我的朋友……
我的子民啊，抖落灰尘，披上你们美丽的袍服，
靠近我的灵魂，通过伯利恒的耶西儿子的手救赎我的
　　灵魂！
　　来吧，我的朋友……
娴静地走来，戴上你丈夫的王冠，带上欣喜和幸福，
来吧，新娘，来吧，新娘，和你虔诚的特别的子民一起来
　　来吧，我的朋友……

古代配乐已经无从得知了，不过，在《托拉》和古老的努撒

克祷告诗的传统吟诵中,在某些祷告文的诵读形式中,还有某些元素遗存。中世纪的某个时候,祷告文领诵(hazzan,这个词本身更古老,只不过词义变了)这门技艺已经成形,领诵人的任务就是提高公众祷告的美感;现在,比较大的犹太会堂常常以有专业领诵人为荣,不再仅以拉比为荣了。

曼图亚的萨洛莫内·德罗西将意大利文艺复兴时期的声乐对位法引入犹太教音乐中。自18世纪起,哈西德教派的犹太教音乐吸收了东欧民间音乐元素;19世纪,奥地利人萨洛蒙·祖尔策和普鲁士皇家艺术学院第一位犹太学生、近代第一个犹太会堂唱诗班指挥德国人路易·莱万多夫斯基,共同引入了混声合唱、管风琴和门德尔松的风格;正统派犹太教不接受混声合唱和管风琴。到了20世纪,数位著名的犹太作曲家,像达吕斯·米约和欧内思特·布洛赫,都为犹太会堂作过曲。

在形成传统的同时,犹太会堂的音乐也不断地受到周围各种风格与品位的影响;受过良好音乐教育的教徒只要听听音乐的旋律,差不多就能弄清犹太教的历史!音乐,像建筑和装饰艺术一样,成为犹太教精神表现的重要部分。

爱上帝;沉思、观照;虔诚派

关于犹太教,有个半真半假的说法流传极广,称犹太教缺乏"宗教规程",比如基督教里的那种修道规程。确实,犹太教没有修女也没有修士。然而,数个世纪以来,致力于精神性的各种特定形式的思潮、运动以及精英组织层出不穷。

拉比犹太教本身就产生于这样一次运动,即"教友们"发起的运动,他们在公元1世纪组成各种协会,致力于强化对什一税和洁净等律法的遵守;尤其是,与一些《死海古卷》团体一样,他

图9　考古发掘证明，坟墓中不可使用图像这一禁令并没有阻止犹太人装饰会堂。这幅6世纪的马赛克拼贴画出土于加沙的一座会堂，画的是大卫王弹奏竖琴。

们共同用餐以示“洁净”，就像在圣殿中上帝的跟前一样。

还有一些所谓“烈火战车派”与“圣殿派”神秘主义团体，也许早在公元3世纪就已经存在了。他们在创作的圣诗中将“升天”当成终极的精神体验来歌颂。

公元12世纪的埃及出现了犹太苏非运动，将神秘主义教义与精神体验和禁欲修行结合到一起。最近出版的亚伯拉罕·迈蒙尼德的《上帝的仆人概论》和奥巴代亚·迈蒙尼德的《论文集》高度关注了这场哈西德运动，或者说“虔诚者”的运动；这两位作者——亚伯拉罕和奥巴代亚分别是摩西·迈蒙尼德的儿子和孙子。

在遥远的西欧诸国，几乎在同一时期出现了另外一个哈西德派运动——德国虔诚派，他们非常强调神秘主义和殉教。下面是伊斯雷尔·赞格威尔的几节译文，选自《赞美上帝的荣光》。此诗由德国虔诚派的领袖人物之一犹大·赫-哈西德创作，在诗中，亲近上帝的神奇渴望因从哲学上认识到无人能真正理解祂的特质而得到缓和：

优美的圣歌是我编写的歌，是我的吟唱，
因为你是我灵魂所有的渴望——
我想得到你亲手的呵护
想把你所有的秘奥领悟。
那一刻，你的荣光降临我的口，
对你的深爱溢满我的心头……
我不曾见过你，然而我要赞美你，
我不认识你，然而我要描述你的道
因为你借助先知和仆人说出神秘的话

隐微地训导你的臣民认识荣光。
你的创造无比灿烂无比辉煌，
你的内心世界同样伟大。
他们讲起你，却不一定是全部的你，
因为凭借你的创造竟想塑出你的形象……

后来的犹太教“精神”运动包括16世纪巴勒斯坦的撒斐德神秘主义，包括18世纪乌克兰的哈西德主义——今天的哈西德教派仍属于这个分支，还包括伊斯雷尔·撒兰特发起的穆萨运动，后者非常强调进行道德的自我批评。

经书研习

犹太教精神性最普及、最易接受、最具特色的形式就是研习《托拉》。有一个关于希勒尔（1世纪早期）最伟大的门徒、乌西勒的儿子乔纳森的故事：他坐读《托拉》时，精神上的激情之火太盛，如果有鸟飞过他的额头，也会被点燃。《托拉》的词句充满欢乐，这种欢乐自上帝在西奈山上把它赐予犹太人的那一天起一直未曾稍减。

犹太经学院（现在也有专为女性开设的类似机构）中的年轻人——大多**不是**为了获得拉比的职位——被引向传统的《托拉》研习，带着虔诚与专注。理想的精神生活从经学院渗入普通人的日常行为之中，他们在日常祷告之前一早就去聆听讲经；或者工作之余入夜时分，或者白天能抽出空来的任何时候，经常与一个朋友共同研读《托拉》，他们之间的友谊也因精神的纽带而得以加深。

与开头一样，我们也以一个故事结束这一章吧。这是约瑟夫·多夫·索洛韦伊奇克写的一篇回忆录。他是12世纪正统派犹太教重要的思想家，童年时代生活于中欧。他在这篇回忆录中写道：

> 我记得，小时候我独来独往，害怕这个世界……似乎大家都取笑我。但是，我有一个朋友——你们不要笑——就是兰巴姆[迈蒙尼德]！
>
> 兰巴姆经常来我们家……
>
> 父亲常在祖父家的客厅里讲经，那是我睡觉的地方。我常常坐在床上，听父亲讲解，他经常提起兰巴姆……他打开《革马拉》[《塔木德》]，一节节一句句地诵读、细讲，还说……"这是里和托萨弗特的解释；现在我们看看兰巴姆是怎么解释的。"他经常发现兰巴姆的解释与众不同，不是按照表面的意义讲解的。他下面说的话……好像是在当面冲兰巴姆抱怨："摩西拉比，你为什么这么解释呢？"大家都不说话了，唯恐打乱他的想法。过了很久，他慢慢抬起头，又说："先生们，我们现在看看……"
>
> 关于经文，我一句话也听不懂，但有两个印象铭刻在我天真无邪的脑海里：(1)兰巴姆的周围都是想伤害他的对手和"敌人"；(2)圣父是他唯一的保护者。没有圣父的保护，谁知道会发生什么事？……
>
> 我会伤心地去找妈妈："妈妈，爸爸不会解释兰巴姆说的话！我们怎么办呢？"妈妈说，"爸爸会找到办法解释兰巴姆的。如果他找不到，也许等你长大了，你会找到解释兰巴姆的办法。重要的是要不断地学习《托拉》，享受学习的过程，让《托拉》激励你。"……

这可不是一个孩子的白日美梦。这是一个心理的和历史的现实,甚至今天还存在于我的灵魂深处。我坐下来读经时,立刻就会发现周围都是历史上的贤哲,我们结为私交。右边是兰巴姆,左边是泰姆拉比,赖施坐在前面解经,泰姆拉比提出问题,兰巴姆予以答复,拉阿瓦德给出评论。他们都聚在我的小房间里……他们慈爱地看着我,一起推理研讨,一起讲读《革马拉》,像父亲一样支持我、鼓励我。

研习《托拉》不仅仅是一个教诲过程……还是对跨越数代的爱的有力表达,是精神的结合,是灵魂的统一。那些传授《托拉》的人在一家时光客栈里与那些学习《托拉》的人相会。

第六章

建立犹太家庭

你是一个犹太教徒。刚结婚，要建立一个新家庭。下面要怎么做？

稍等片刻，想一想。你已经抵押贷款，买了一处房子或公寓自住。你真走运！你可是为数不多的幸运者之一啊，看看世界范围内的犹太人，别只盯着住得起纽约、伦敦或约翰内斯堡环境优雅的郊区的少数犹太人。许许多多犹太人上无片瓦遮身，至多只能挤在父母家里，房间狭小，根本没有私人空间。

也许你不在乎。这样的话，你就是那么一个普通人，一个淡漠的犹太人。但为说明问题的所在，我们假设你虽不是圣人，却是一个准备而且愿意把一生献给《托拉》理想的人。这样，你就不是一个普通人，但也不是一个特立独行的人。

义举

你是一个理想主义者。那么，你关注的第一件事就是如何帮助那些不太走运的人。很可能在婚礼上，你或者你的父母就给生活困难者一些救济；在你祖父母的时代，尤其是如果他们生活在东欧的某个小村子里，他们会请一些当地穷人参加庆典和节庆宴会，但在“文明的”城市社会，这就不太实际了。

你有家，也有固定收入。那么，你必须拿出适当的零用钱行义举（捐献）。收入的十分之一应该留出来做慈善。这种缴什一税的观点来自于经书；《圣经》中规定，以色列的农户留出十分之一的牛羊和农产品，献给祭司、靠救济生活的利未人和穷人。德国人亚设·本·约希勒在公元13世纪成为西班牙巴塞罗纳的大拉比，他认为，如果我们因为犯罪被从祖国放逐，即使富裕起来，也没有任何意义；今天我们已不用向祭司和利未人缴纳什一税，我们至少应该拿出十分之一（有人说是五分之一）的收入支持有价值的事业和生活困苦的人。

“捐出十分之一”是要凭良心来决定的问题，而不是社团征缴的税款。捐献的数量也并不固定。有时候社会需要多，你拿出来的要多过十分之一；反之，有些情况下，你直系亲属的需求必须被优先考虑。不管怎么说，现代的经济活动使人难以确定“收入的十分之一”是指什么；是税前还是税后？在多大程度上，由税收征缴来的款项被用于本身即是义举的公益事业，比如教育、住房和卫生？

建立新家的时候，你不会担心细枝末节的问题。你的目的将是保证你家要以行义举为基本的生活方式。这不仅仅意味着捐赠钱财，还包括最广义上的慈善；要热情款待有学问的人、陌生人、贫困者，看望病人，经常关注其他人的福利。

门柱圣卷

现在，你的良心已安顿下来，我们可以看看住房本身了。《施玛篇》（见第71页）中有这么一句话：“你要把它们[即上帝的话]写到门柱上，写到大门上。”按照拉比的解释，这句话是说，包含这一节内容的《申命记》的两个部分，即《施玛篇》的前两段应该用墨水写到羊皮纸上，放进匣子里，固定到门框上，在进门右首自下向上至少三分之二处。装羊皮纸的匣子叫“麦祖札”，意思是“门柱”。在很多犹太人家的门首，除了恪守教规的正统派犹太教徒家的浴室门之外，都能见到这种匣子。

不问不找就看不到的东西是正统派犹太教徒在特定的宗教仪式上佩戴的“塔利特”和“泰斐林”，因为这些东西不大可能放在明处。塔利特，有时是指“晨祷披巾”，一块方形的料子，多为羊毛织物，四角有条纹（参见《民数记》，15: 37—41）；晨祷时披在肩头。泰斐林，或称“祷告文匣”，是两个捆扎在一起的皮匣子；里面装着四段圣经文字，包括“系在手上为记号，戴在额上为经文”[1]这样的说明；工作日的晨祷中，奉神的男子（保守派与改革派集会中偶有女人）将一匣系于左臂对准心脏处，另一匣系于前额。

在犹太人家里，你还有可能看到的其他宗教物品包括安息日用的烛台，光明节用的八连灯大烛台或者枝形大烛台，还有安息日和其他节庆结束时，结束仪式上要用的香料匣和烛座。另外还会有未必放在明处的各种高脚杯和逾越节家宴上专用的碟子（见第55页）。很多物品都是工艺精湛的艺术品，可能是当做传家宝传下来的。

书籍和教育

“书中提到的人”这个说法来自《古兰经》，既指犹太教徒也指基督教徒，即“经中提到的人”。它并不指“读过很多书的人”，但即使是这个意思，也是对犹太人的恰当描述。新家的书

---

① 出自《申命记》第11章第18节。——译注

图10　塔利特与泰斐林，工作日晨祷时佩戴。安息日和节庆日时，只戴塔利特。

房里，你一定要藏有祈祷书、节庆书、逾越节家宴书，以及《摩西五经》的摹本（往往是评注本，比如赖施的评注本），这些是你从学校得到的，或在成年礼或婚礼上别人送的。

如果读的书更多一些，那你就会有一套二十卷左右、装帧精美的希伯来文《巴比伦塔木德》，也会有其他犹太经典的选本。在以色列，多家日报为了竞争读者，会免费赠阅或打折出售《巴比伦塔木德》，或许以色列是唯一允许这样做的国家；如果你生活在这个国家，也有可能在智力测验或抽奖中赢得一套。

《塔木德》还真是“贵重的”物品，为了它，你还会读一些普通的犹太书籍，历史的、文学的或幽默的，收藏唱片、磁带、CD以及你所喜爱的犹太娱乐节目录像；此外，你还可以登录犹太教和以色列网站，经常阅读犹太教地方报纸——如果是在英国，很可能要读《犹太纪事》，它自称是“全世界最重要的犹太报纸，1841年创刊”。

这些书不会只是用来装点书架。你会邀请拉比或者朋友经常来到家中，研习《塔木德》、《圣经》，或者其他传统经文。如果能安排一个日常研习班，这就是你一周或者一天最有意义的时刻了。

我们在上一章提到过，研读《托拉》是犹太教中最具精神价值的活动之一。这也是家中最快乐的事。研读经书，不仅仅是孩子或社会精英的事，也是**全体以色列人**的事。最近几年，在其他方面极为保守的正统派犹太教所实现的最鼓舞人心的进步，是扩展了《托拉》研读活动的范围，让女性也加入。女性教育在过去被忽视了，甚至遭到反对。

合乎教规的饮食

越来越多的犹太年轻人成了素食主义者，不管是出于健康目的或经济原因，还是出于保护动物权益的考虑。有些人从经文或传统寻求依据——亚当和夏娃就是素食主义者；按照15世纪的拉比、政治家和圣经评注家伊萨克·阿布拉瓦内尔的说法，弥赛亚来临时，我们都应该是素食主义者（伊萨克的信徒忽略了他还有其他预言，即我们都应该是无政府主义者和自然主义者，不再住在房屋里）。

但是，我们现在假设你家厨房各种食物无所不备，至少"犹太饮食教规"所许可的食物，也即符合律法书规定的合乎教规的（kosher）食物无所不备。（"kosher"一词的意思仅指"可食"。多数犹太人把"不洁净"当成它的反义词。）

首先，要注意哪些走兽、鸟类和鱼类是教规许可的。《圣经·利未记》第11章有几个清单，有的清单《申命记》第14章再次进行了强调。只有那些分蹄成趾而且反刍的走兽可以食用——实际上，牛、绵羊、山羊和鹿可以食用，但猪、骆驼、马和兔子不可以食用。禁吃的鸟类清单也有，这表明清单之外的所有鸟类都可以食用；由于不可能有把握地确定清单列举的所有鸟类，拉比便只许可我们食用那些由传统可知符合教规的鸟类，比如鸭、鹅、鸽子、孔雀和家禽等。所有有鳞有鳍的鱼都可以食用；不包括贝类和甲壳类（章鱼、虾类、蟹类等），也不包括鳗鱼、鲨鱼和其他一些被认为未生有"恰当"鳞片的鱼类。对于那些能够依照传统识别蝗虫的人，某些种类的蝗虫是可以食用的。

走兽和鸟类，即便是可以食用的种类，如果不按礼定屠宰的特定方式宰杀，也不合乎教规，不可食用。礼定屠师必须经拉比特许才能进行屠宰。他用快刀切入动物的气管和食管，同时割断大动脉，使之立即丧失意识；如果屠宰得当，这种方式就很“人道”。肉中的血要流净，要清洗、抹盐，再漂洗干净；数世纪以来，这一直是家庭妇女独有的工作，现在则主要由合乎教规的屠宰师或供货商来做了。

一个恪守教规的家庭有两套备餐与用餐的器具，一套“肉类”餐具专用于肉类和肉制品类；另一套“奶类”餐具专用于奶制品以及非动物类食品。之所以这样，原因在于肉和奶是不可以混在一起的。

并非所有犹太人都同样严格地遵守饮食教规(什么东西可以食用，什么东西不可食用)。有些改革派教徒根本不理会这一套，他们强调，犹太教的本质在于伦理道德观念，不在于食谱(原则上，正统派教徒同意这一点，但不认为这是放弃饮食教规的理由)。于是，有些人不吃猪肉，其他什么都吃；有些人不吃任何不合教规的肉类食品，却忽视其他的教规约束；有些人在家吃合乎教规的食物，在外则不然；有些人从来不吃不合教规的肉类，但似乎并不在意面包和糖果里是不是含有不合教规的油脂或食品添加剂。少数人遵守酒与乳酪方面的禁约，即便酒和乳酪里并不含不合教规的成分。还有些人极端保守，他们遵从许许多多附加的“预防性”措施，除拉比严格监督下准备的食品之外，不可能接受任何食物。

风俗习惯、家庭与社会关系、个人性情，这些决定了个人如何确定自己可以食用什么。如果邀请他人或者受邀参加宴会，最好公开明确地表明你、主人或者客人遵循何种饮食教规；如果不清楚，最好问问。

性与婚姻

《圣经》和《塔木德》都允许一夫多妻制，不过，到了《塔木德》时期，一夫多妻已不多见。公元1000年左右的西欧，美因茨的格肖姆拉比颁布禁令规定，除非有特殊的情况，任何多妻的男子都要被逐出教会。这个禁令很快被大多数基督教国家的犹太人接受，伊斯兰教国家的犹太人则不然，因为在这些国家，《塔木德》和《古兰经》给出的忠告是，每个男人限娶四个妻子，只要他能满足妻子的性需求和经济需要。

婚外性关系是禁止的；纳妾制度废止以后，这个禁令才算明确下来。事实上，有些东西禁止了，不等于就不会发生。"共同生活"现象在西方国家的犹太世界里很常见，犹太人中当然也有通奸者。在性取向和生活方式方面，传统教规和当代的实际情况也存在同样的不一致。《圣经》和拉比律法一致反对同性恋，然而，这并没有阻挡犹太人成立"同性恋"俱乐部，甚至同性恋犹太会堂。

然而，对于守法的人来说，甚至婚内性行为也有严格限定。有些限定意在确保性行为得体，或者保护性伙伴不遭强迫。主要的限制是，禁止与经期妇女发生性关系（分居）；月经结束后继续分居七天，直到妇女遵仪式彻底沐浴之后，才可同房。经后沐浴是一种洁净礼，这种洁净礼也适用于祭司进圣殿礼拜之前（以及其他场合），或者是改宗皈依犹太教的人。"浸礼"（baptism）只是对希伯来文"浸洗"（tevila）的希腊语译文。

婚姻关系是一种彼此爱慕、相互尊重与支持的关系。要以关系持久为基础，才可以确定婚姻。拉比犹太教遵循希伯来圣经，一直许可离婚，尽管对离婚在哪些情形下合适有过许多争议。婚姻关系，一旦依照犹太律法确立，就只能由该律法予以解除；律法对离婚的要求是，由丈夫向妻子提交离婚书，必须有见证人在场。正统派犹太教的女性常常因为这一要求承受很大的痛苦，因为如果丈夫不愿意，就没有多少办法强迫他认可离婚书，而拉比法庭又不会直接“解除”婚姻关系。最近，也采取了一些措施来改善这种状况，充分利用了不同国家的各种法律程序。

大多数传统社会都强调家庭的重要性；毕竟，传统的价值观念都是在家庭范围内获得了最有力的表达和最有效的传播。犹太教也不例外，不过，西方民主体制下的犹太家庭与其他社会的家庭一样承受着破裂压力，家庭不再像以前那么稳固了。

强调家庭观念也有负面影响，即存在着将外族人、单身和未婚人士边缘化的危险。《第二以赛亚书》似乎在二千五百年前就非常关注这一点：

> 与耶和华联合的外邦人不要说，
> “耶和华必把我从他的子民中永远分离出来”；
> 被阉割了的人不要说，
> “我只是一棵不产果子的树。”
> 因为耶和华这样说：
> 那些谨守我的安息日，
> 拣选我所喜悦的事，持守我的约，
> 被阉割了的人在我的殿中和在我的墙内，
> 我必使他们有记念，有名号，
> 比有儿女更好；
> 我必赐给他们永远不能废掉的名。

（《以赛亚书》，56: 2—5，《新英文〈圣经〉》）

图11 婚庆习俗差别很大，每个犹太社区都热衷于保存自己的传统。图为以色列灵步舞剧团的演员扮作也门犹太新娘的样子。

图11 婚庆习俗差别很大，每个犹太社区都热衷于保存自己的传统。图为以色列灵步舞剧团的演员扮作也门犹太新娘的样子。

外族人、单身和未婚人士要想在社会中获得舒适的生活，像以赛亚所期望的那样，对许多犹太社区来说，还有很长的路要走。

生命的周期

莎士比亚提到过人生的七个时期："在保姆的怀中啼哭、呕吐"的婴儿期；发牢骚的学童期；谈情说爱期；军人期；法官期；第六个时期，变成"羸弱的邋遢老头儿"；最后"又成了孩子样，什么都会忘。"（《皆大欢喜》第2幕第7场，第139—166行）

现在，犹太社会学家以各阶段的仪式为标志，划分人生的七个时期。这七个时期不同于莎士比亚的，也不与犹太传统严格对应，但是，这种划分合乎我们的要求。

一、出生

男婴——出生后第八天行割礼——举行家宴——这是可追溯到亚伯拉罕时代的古老传统。

长子——出生后第三十天举行"赎罪"礼，这是附加的仪式。

女婴——没有任何传统的仪式，但是（1）妈妈要参加犹太会堂里的感恩祷告，并且/或者（2）特别是改革派犹太教，要把婴儿带到会堂祈福。

二、成长

孩子自记忆希伯来文字母表——吃蜂蜜蛋糕等做成的字母始，就要有选择地参加各种典礼。

男孩十三岁参加成人礼。成人礼属个人性质的典礼，男孩要在犹太教会堂诵读《托拉》，举行一个大型的聚会，别人要送礼物。

女孩可以在十二岁举行成人礼——这是改革派犹太教仿照男子成人礼设定的。正统派犹太教只是在近年才开始公开举行成人礼，通常是为适龄女子举行集体典礼，外加一些个人聚会。相对于女子成人礼，不少正统派教徒更倾向于举行坚振礼；像基督教坚振礼一样，犹太教的坚振礼通常也在年龄大一点时举行，并且要先圆满完成一项规定的课程。

不过，自由派和改革派犹太教会堂已经不再像以前那样，偏好坚振礼甚于成人礼。

三、婚事

按照犹太律法的观点，婚礼有两个性质不同的程序。第一步是订婚礼。在证婚人面前，新郎送给新娘一个信物（现在是结婚戒指），还要说“按照摩西和以色列的律法，以这枚戒指为凭，你和我订婚”；新娘不需开口，因为沉默表示应许。接着背诵两段祈福词，共饮一杯红酒。

下一步是结婚仪式。新郎新娘站在象征新家的“胡帕”（婚篷）之下，背诵七段祈福词，再次共饮一杯红酒。这对夫妻得到祝福，新郎摔碎一只杯子，表示即便在最快乐的日子里也不忘耶路撒冷被毁的苦难。接下来，在证婚人的面前，新人暂时分开。

婚礼可以简单而朴素，也可以花团锦簇、歌声四起，新娘穿婚纱，新郎穿早礼服，家长领着新婚夫妇走进彩棚，众人有说有笑，相互祝福，载歌载舞，大摆宴席——实际上，宴席要持续七天七夜。而哈西德教派和偏保守的正统派犹太教徒，会将新婚夫妇从头到尾一直分开。

改革派犹太教徒平等对待新郎新娘，双方相互交换戒指，也许还互立婚誓，两个人不用分开，宴会只在婚礼上举行，不会持续七个晚上。

正统派和改革派教徒、欧美犹太人和东方犹太人之间婚庆习俗差异很大，类型繁多。婚庆音乐从舞厅音乐到犹太传统音乐，从通俗音乐到经典音乐，应有尽有；尽管知道有人甚至喜欢中世纪的弦乐，但这对大多数人的品位而言，太过婉约了。

四、为人父母

抚养子女的技巧不独为摩西、大卫王或哲学家柏拉图掌握。犹太会堂的社团中心专为培养合格的父母开设了培训课。然而，孩子们适应性强，不用训练一样能长大。

五、中年生活

近年来，人类平均寿命不断增长，社会学家开始将中年生活及其危机确定为人的成长——或者说瓦解的独特阶段。此阶段尚待设计出恰当的仪式。

六、晚年

本阶段的理想状态就是通过人生阅历而达到不惑的境界，成为一些人钦佩和尊崇的焦点，因为那些人尚未成熟，还奋斗在人生的前几个阶段。这个理想适用于男性，同样适用于女性。有时会如愿以偿。然而，现实常常不尽如人所愿，反而更像莎士比亚所说的那样，“又成了孩子样，什么都会忘／没了牙齿，没了味觉，没了一切”。

七、死亡

正统派犹太教徒只有土葬；改革派犹太教徒可以火化，也可以土葬。

死者亲近的人(配偶、父母、兄弟姐妹、儿女)撕裂外袍,脱掉鞋子,要"守七日服丧期",也就是说坐到地上,或坐在家里的矮凳上,朋友来家里探访,安慰他们,家里天天都要祷告。"七日服丧期"的本义就是"七",表示七天的哀悼时间。但是,不严守教规的人只勉强对付一晚。有人会照料哀悼者的生活需要,比如准备他们的饮食。

服丧期结束后, 不甚集中的纪念活动还要持续三十天,子女要为父母哀悼十二个月。此后,每年有祭日。死者去世后的前十一个月以及此后每年的祭日,最亲近的人要到犹太会堂诵读祈祷文(不是悼念性质的祷告,而是赞美上帝的荣光)。

改革派与正统派犹太神学家都公开承认有关来生的信仰。来生是否涉及某种形式的肉体复活,或者只是"灵魂"永存,过去对此颇有争议,现在,争论的范围扩大了,有些人把来生当成一种比喻说法,代表声名与影响在死后永存。

第七章

离开隔都绝境，进入社会旋涡

前几章，我们谈及了犹太教的不同教派[denominations，他们不喜欢被称做“宗派”(sects)]，比如正统派和改革派。为什么会存在这种分歧？分歧是如何产生的？难道没有一个“纯正、真实的”犹太教吗？摩西数千年前从西奈山上受上帝启示而带下来的那个宗教呢？要回答这些问题，必须回溯一段历史。

遗憾的是，我们无法回到某种“纯正、真实的律法”，也就是摩西得自上帝并流传下来的那部律法。犹太教和基督教传统都相信曾经有这么一部律法，犹太教传统认为，这种律法曾由拉比保存。说到底，这是一个信仰的问题。没有人能确定这样一部律法的经文，历史学家也无法明确告诉我们，完整统一的犹太教何时被所有犹太人毫无保留地接受。本书第二章探讨了犹太教与基督教的分裂，正如我们从中看到的，甚至在公元1世纪初，犹太教就有几个派别并存，每个派别都声称自己拥有真正的律法。转而，基督教也有过类似的声明，认为耶稣“履行”了律法，基督教徒才是“真正的以色列人”。

在中世纪即那个“信仰的时代”，人们信奉相同的教义、遵从相同的教规，情况又如何呢？对中世纪持有这样的观点是天真的。中世纪社会是专制而又压抑的；如果你持有不同于当局的观点，就要保持沉默。如果你不能保持沉默，起码要小心谨慎；要用神秘的语言掩饰你的观点，或者借助于“真正的、隐秘的传统”，比如“隐居传统”。表象之下，是比通常设想的更多的质疑。成形于中世纪，并在中世纪兴盛一时的唯一的犹太教派就是圣经派（不用说，圣经派信徒把“拉比派”犹太教当成一个“宗派”，而把自己的信仰当做真正的原初的犹太教）。现在，虽然许多背离主流教派的分支已销声匿迹，但凭事后之明见，还是可以分辨出它们的发展轨迹。

西方基督教世界中，罗马教会统治着精神领域，并且乐于动用“世俗的力量”，即动用世俗的权力机关和军队来保障宗教教义与实践的统一。罗马教会界定何为“异端邪说”，严酷地予以压制，比如，教皇英诺森三世发动十字军东征，残酷地镇压了法国阿尔比教派，使法国南部地区饱受蹂躏。

犹太教徒没有教皇，也没有军队，除极少数的例外情况，他们也不施加肉体惩罚和折磨，尽管这些残忍的手段在周围的世界司空见惯。但是，在面对自己所认为的异端邪说时，他们也高度警惕。犹太社区领袖行使权力，不是借助肉体镇压，而是实行坚壁策略，即发布革除教籍三十天并且可以顺延的禁绝令，在过去，这种策略除用于保证宗教律法得到遵守外，也用于实现民事和刑事正义。革除教籍会对社会和经济生活造成非常严重的后果，因为革除教籍的犹太人与宗教社区彻底割裂，不再属于任何社会组织；也无从谋生，在社会上无处安身。

这一社区规约（或压迫）制度随着隔都壁垒的摧毁，也就崩溃了。18世纪，生活于部分西方国家的大量犹太人开始争取到公民权，传统的犹太长老和拉比再也无法控制犹太民众的生活方式。对宗教的质疑以及背离主流教派的不同观点再也无法压制。犹太教派很快接受了公民自由、宗教宽容以及个人主义等启蒙运动的观点，普遍蔑视“迷信”活动。很多犹太人开始将传统的犹太社区及其机构视为蒙昧的、过时的、迷信的。

摩西·门德尔松（见第46页）终其一生都是一个严守教规的犹太教徒，他却按照启蒙主义观点激进地重新阐释了犹太教。包括门德尔松自己的孩子——门德尔松的孙子、著名作曲家费利克斯·门德尔松是由受过洗礼的父母生下的——在内的许多犹太人都接受了洗礼，这不是因为他们相信基督教比犹太教更符合真理、更优越，而是如另外一位受洗的犹太人、诗人海因里希·海涅所说的，因为这是通向“文明”和文明社会的门票。

公元18世纪结束之前，西欧各国，尤其是德国和法国的犹太人仍有三种选择。他们可以被同化——实际上就是接受洗礼，抛开犹太特征。他们可以自我封闭，毫无保留地坚守犹太传统，背对启蒙运动，这样的代价就是遭受社会疏离、嘲弄，并且很可能丧失来之不易的公民权。还有一个可能性就是，变革犹太教，清除其迷信的和过时的因素（毕竟，基督教徒同样在试图完善自己的宗教），从而使犹太教“现代化”，这样就可以不放弃犹太身份而获得社会认可。改革派犹太教就是源自这第三个选择。首先，改革派并不想成为一个孤立的团体。只有在他们所提出的变革方案遭到因循守旧的犹太教徒拒绝之后，改革派才以一个独特团体的面目出现，只有在此时，“正统派”这个标签才会牢牢地贴在反对激进变革的那些人身上。

改革派犹太教

公元19世纪早期，德国的宗教改革人士为重建公众的宗教崇拜礼仪，便增强其吸引力使之切合时代，剔除过时的环节，引入方言写成的祷告词，每周以方言布道，引入唱诗音乐和管风琴音乐，再增加新形式的仪式，比如基督教的坚振礼。法国人占领威斯特伐利亚为伊斯雷尔·雅各布森创造了一个机遇，他以上述做法为基础，于1810年在塞森建立了第一座改革派犹太教会堂，但在法国人撤出后，这种革新被迫终止。在柏林，正统派犹太教反对势力将改革派每周的仪式限定在雅各布森的家乡举行。这样，第一座永久性的改革派神殿便是汉堡的那一座，建于1818年。

汉堡最激烈的正统派反对势力所引起的争论，很快将一些神学问题明确化，这些神学问题正是宗教仪式改革引起意见分歧的原因所在。首要的神学问题是，《塔木德》以及拉比对它的阐述是否具备权威性。最初，改革人士努力诉诸传统的权威，想以此来证明自己的合法性，但态势很快明朗起来，他们不愿意按犹太教的传统规范和模式约束自己。比如，他们不再祈愿一个人格化的弥赛亚降临，并采取批判的历史的方式阅读包括《圣经》在内的犹太教经文。

从解决这类问题作出的种种努力中，演化出“渐进启示”这一神学概念。斯宾诺莎曾认为，古老的《圣经》律法（更不用说拉比律法）也许就是古代希伯来社会的律法，不再适用于现代社会，因为新道德伦理和精神价值观已经在现代社会“显现”。基督教绝对没有代替犹太教；准确说来，犹太教本身永远都是精神性的宗教，即使在现在也能证明启示的渐进性。随着渐进与演化被19世纪采纳为加以遵守的格言，改革派的这种理解方式得以加强。

改革派迅速传遍德国各地，远及奥地利、匈牙利、法国、丹麦，以及英国。1842年1月27日，西伦敦犹太会堂落成，它至今仍是兴盛的改革派中心，不过在当时，会堂的建立并没有明确的目的要发动一场旗帜鲜明的改革运动。1824年，在美国南卡罗来纳州的查尔斯顿建立了一个改革派的以色列社团；这个社团提倡修改礼拜仪式，而且还采纳了迈蒙尼德的“信仰原则十三条”（参见附录A），其中弥赛亚降临与肉体复生两条除外（怀疑论者曾将此与正式接受“十诫”相提并论，不过排除了两条似乎不合时宜的原则）。19世纪后期，在艾萨克·怀斯领导下，改革派成为美国犹太人社区中一股强大的力量。1875年，希伯来协和学院在俄亥俄州的辛辛那提市成立，时至今天，这所学院依然是改革派的精神家园。1869年《费城纲领》（全文见附录B）与1885年《匹兹堡纲领》，作为改革派经典的构成部分，同样是犹太教在美国所取得的成就。

19世纪接近尾声时，改革派的前提似乎与现实脱节了，这个前提是：社会与文化会越来越接近启蒙运动的普世理想，即包括犹太人在内的全人类都得经历持续的“弥赛亚救世的”过程。不仅有一种新的、世俗的种族排犹主义已植根于将福音与律法、新约与旧约、精神性与合法性相对立的观点，而且即便是自由派基督教神学家也固守这种二元对立的观点，他们认为基督教已经取代了犹太教。改革派的对策是更加强调犹太教的道德伦理与精神维度，赫尔曼·科恩对此有过明确的论述。科恩宣称犹太教是“伦理的一神教”，将弥赛亚救世观发展为对神始终如一的回应，发展为召唤世人承担道德升华这一永无止境的责任；救主即将降临的信仰使得对社会的不间断批判成为可能。在后来的著作中，科恩重新认识到安息日以及其他宗教制度的重要性和以色列人特殊的使命感。

改革派强调普世救赎论，强调“寄主”社会中的文化适应，所以他们不同情，甚至是敌视犹太复国运动。然而，甚至在以色列国建立之前，各种态度就一直摇摆不定，因为在“启蒙的”欧洲，普世救赎的理想受到民族主义冲突、顽固的排犹主义以及德国和其他国家的法西斯主义兴起等问题的侵蚀。与早期的改革派声明相比，1937年的《哥伦布纲领》表现出犹太教的普世救赎论和犹太特殊神恩论之间更广泛的平衡，并表现出“复兴巴勒斯坦”的决心。

1976年的《旧金山纲领》既反映出纳粹大屠杀对犹太民族的冲击，也反映了重建以色列国对犹太人的影响；纲领对人类的进步多了些怀疑，对上帝的观念少了些明朗，对家庭生活和宗教仪式多了些珍惜，对以色列国在犹太人生活中的地位更加看重，一种“立约神学”的观念正在改革派中形成。

礼拜仪式一直以来都是改革派的关注中心。近年来，对纳粹大屠杀、以色列复国的反思以及发展“宽容论”的需要，都深深地影响了祈祷书的内容。希伯来人已经重获复兴，现代心理学和人类学已经重新认识到宗教仪式和种族地位的重要性。

在1818年建立的汉堡犹太教神殿中，妇女面前已没有了隔墙，并且许多礼拜仪式的改革都是为了保护妇女的利益；不过，她们分坐在包厢内，不能被召来诵读《托拉》。20世纪所取得的重大进步，都是为了追求女性地位的平等。改革运动中第一位真正授任神职的女性，因而也是第一位女拉比，名叫雷吉娜·乔纳斯，任拉比一职不久便死于纳粹大屠杀；1935年12月27日，马克斯·迪内曼拉比代表德国自由拉比同盟向她颁布任命状。1950年代后期，美国拉比中央大会曾效法某些新教组织的做法，认可任命女性教职的原则，但直到1972年，才有一位女拉比萨莉·普里桑德获得辛辛那提的希伯来协和学院的任命。

图12 美国改革派犹太教的会堂像“圣殿”，尝试了现代建筑风格。图为贝丝沙洛姆会堂，位于费城的埃尔金斯公园，由弗兰克·劳埃德·赖特设计，1954年建成。

宗教改革，尤其是在美国，给传统犹太教律法中关于个人地位的内容带来了变革。很多改革派拉比都已准备好为异族婚姻，即只有一方是犹太人的婚姻做主婚人。1983年，美国拉比中央大会（改革派）宣布，父母中任何一方是犹太人，孩子就应该是犹太人，而非传统犹太教所规定的，必须母亲是犹太人，孩子才能被视为犹太人；这个变革是在提倡性别平等的努力中出现的；英国的犹太教自由运动也采用了美国拉比中央大会的规定。1990年代，改革派内部就对待“另类生活方式”的态度出现了很大的争议；有些人士认可了同性“婚姻”。

改革派在美国犹太教会堂中受到拥戴的比例约占35%，英国占15%，在其他国家，包括前苏联各国中所占比例更小。改革派在以色列很活跃，但缺乏正式的认可；有关异族通婚和改宗的观点，国家也没有完全认可。

“自由派”和“改革派”这两个词在大多数地方都可以互换使用，但英国的“自由派”是指莉莉·蒙塔古和克劳德·蒙蒂菲奥里于1909年前后创立的，其不同于改革派之处在于，它对传统和宗教仪式表现出更为激进的态度，而英国的改革派则更接近于保守派的立场。

正统派犹太教

“正统派”一词始用于1807年，后被德国的改革派用以命名其因循守旧的对手。但对这个词无法加以界定，只能说这个词涵盖了第一次实行宗教改革之后所有形式的传统犹太教；那么，保守派犹太教是不是也像公认的那样，成立组织机构致力于实施一些具体的方案，并在某种方式上也批判了传统犹太教呢？

确实，当代正统派也有派别林立的思潮。比如，它包括各种各样的哈西德教派，虽然哈西德教派本身在初创时期也被认为是离经叛道，是“改革分子”；它还包括哈西德教派的对立教派，这些教派的犹太教义在立陶宛风格的塔木德经学院中表现得最为深奥，也最具影响力，这些学院强调，深入细致地研究《塔木德》及其他拉比文献等律法文本很有意义。

另外一种包含进一步元素的思潮是“现代”正统派，或者说“温和的”正统派。这个派别遵从德国拉比萨姆森·拉斐尔·希尔施（1808—1888）的观点，试图在实践上将传统与一般文化综合起来。希尔施曾支持“《托拉》与本地文化相合”的观念。伊斯雷尔·撒兰特(1810—1883)所发动的穆萨尔运动旗帜鲜明地强调个人伦理与精神自律，这体现在经学院的精神导师或院长身上，他们的任务就是启发学生进行自我批评，提高精神修养。

另外，还有各种“地域”特色在不以激进方式改变其结构的前提下影响了犹太教的宗教实践。德系(此处是指北欧)犹太人与西班牙系(此处是指南欧、北非以及中东)犹太人都有独具特色的习俗，通常扎根于当地文化，它们为当代正统派增加了多样性。这些习俗之间偶尔会产生社会摩擦；比如，在以色列，西班牙系的犹太教领导人有时会抱怨，认为德系犹太人有进入政府机关工作的特权。这种争端是文化性的，而不是宗教性的。

尽管存在这种多样性，正统派领导人还是试图界定正统的犹太教，或者按照他们偏好的说法，“真正的”或“《托拉》为真的”犹太教。一种界定是强调，正统派犹太教徒把哈拉卡(犹太律法)当做束缚。另一种是强调信仰在西奈山得自神启的《托拉》，这是正统派犹太教最鲜明的特征。这样的做法存在很大的问题。首先，按照教义界定犹太教，这本身就偏离了传统，即使已有先例存在，比如在迈蒙尼德的著述中。不幸的是，该学说未能按当下的研究成果予以重新阐释。正统派犹太教，如果按照淳朴的中世纪形式对其加以理解，就会被大部分自称为正统派的人抛弃；如果以其他方式理解，许多非正统派的犹太人就会说，他们也是信仰正统派的。

所以，更明智的做法可能是，不去尝试界定正统派，只列举出自视为正统派的组织，并且指出，那些组织的成员自己对忠诚对象可能有非常灵活的解释。

在以色列，正统派是官方唯一认可的犹太教派别，它允许拉比绝对掌控婚姻规范，并对犹太人的身份有决定权，尽管近年来已逐渐承认非正统派的婚姻。从世界范围来看，除北美洲外，大多数信奉犹太教的犹太人名义上都是正统派，即便在个人层面上他们的信仰或者宗教实践可能更接近于改革派。

尽管以色列大拉比院、欧洲拉比公会、美国拉比理事会以及其他类似团体都很活跃、很有影响，正统派却并没有一个总体的指导思想。关于哈拉卡部分的抉择，深受独立的“精通《托拉》的贤哲”影响，这些贤哲的学养和虔诚受到公认。抉择范围很广，从宗教仪式问题到战争与和平的行动，从医德和民事纠纷到妇女地位；抉择的前提依据是，《托拉》中的律法源自于上帝，永远行之有效，每个年代都应由“精通《托拉》的贤哲”加以阐释(具体参阅第九章)。

保守派犹太教

如果说德国人撒迦利亚·弗兰克尔(1801—1875)是保守派犹太教的思想之父，那么，打造了这场运动的人，正是美国犹太神学院的所罗门·舍希特尔(1850—1915)。保守派犹太教徒将哈拉卡放在中心位置，但他们比正统派更愿意按照不断变化的社会和经济环境修正其宗教条文，他们坚称，犹太教在生死攸关的时期积极主动地与文化环境进行了互动，同时保留了犹太教基本的精神特质。对于圣经文献及其他原始文献的构成问题，他们接受现代历史批评的结论。

1983年，多数人投票支持对女性委以神职，多名担任要职的拉比认为，这有违哈拉卡的限定；但最终，他们还是改变主张，成立了“传统犹太教联盟”。

保守派犹太教在美国尤为强大，可能是世界上最大的单个犹太教派别。在以色列和英国(在这两个国家,保守派以它的希伯来文名称“玛索蒂”而为人所知),保守派只是最近才发展起来,但它吸引了人数众多的追随者。这个教派在其他地方也有进展,不过,只是在北美洲,它在犹太会堂中获得了三分之一教众的忠诚。

重建派犹太教

重建派以莫迪凯·卡普兰(1881—1983)的哲学思想为基础,有1968年创办的重建派拉比神学院做后盾,主张按照当代思潮和社会状况重新评价犹太教,包括重新评价上帝、以色列和《托拉》等基本概念以及犹太会堂等宗教机构。重建派通过联谊会吸引人积极参与,开展工作。联谊会中,拉比只是广有智谋的个人,不是领导,所有决定都经一致同意才作出。这场运动伊始,妇女便被赋予平等的地位。自1968年以降,父母任何一方是犹太人,子女就被视为犹太人。重建派组织在美国和以色列以外的国家为数不多,其思想却对其他犹太教思潮产生了巨大的影响。

第八章

20世纪的犹太教

所有宗教在20世纪都受到了冲击。新的科学发现和历史批评不断对经文的真理性和“真实性”提出种种质疑，而这种情况在近代早期就出现了。西方政权日益世俗化，宗教的权威逐渐衰落。人们的价值观也发生了变化。受到重视的是，不分种族、肤色、性别和宗教，追求平等与普遍的人权；对正确教义的追求被视为既不重要，也无法企及。被视为理所当然的是，只要不损害别人的利益，个人有自由去走自己的路，甚至在性问题上也是如此。

大量民众放弃了有组织的宗教生活，一方面因为人们发现宗教在理性上站不住脚，另一方面因为宗教无法满足情感的需要，最主要的是因为宗教的要求妨碍了个人自由，而个人自由被视为基本的人权。

如果说西方基督教受到的影响最大，那么，西方的犹太教所受冲击不过稍稍次之，因为两者在滋养了现代性和启蒙运动的土地上，都建有自己的教堂。

同时，宗教又表现出更强的生命力和适应性，超出了人文主义者一百年前的预料之外。甚至在苏联，七十年的无神论宣传与对宗教的嘲讽也没能根除人们的宗教情怀。犹太世界中，

20世纪上半叶，人们普遍认为哈西德教派的死期即将到来，其他正统派犹太教也将紧步其后尘，然而，20世纪的后半叶，哈西德教派获得了复兴，甚至在很大程度上削弱了其他正统派社团，“重获新生”的犹太人发现了他们的宗教之根，“重归犹太教”运动也获得了能量。

犹太教和其他宗教同样承受着来自知识、社会以及道德等方面的压力，也以类似的方式发出了回应。然而，全世界犹太人被卷入了20世纪两大事件的中心，这两大事件以独特的方式影响了他们。其一是纳粹大屠杀所造成的巨大的精神创伤。1933至1944年间，中欧约六百万犹太人遭到侮辱和屠杀。其二是以色列建国。

本章将简要地回顾一下20世纪犹太教思想发展变化的四个方面。

犹太复国主义、宗教与以色列国

犹太复国主义，即以色列民回到以色列地的观点，很明显根植于《圣经》。在《圣经》中，一代代先知安慰被掳入巴比伦的犹太人，宣称他们会回到祖国。1937年，时值英国主持“国际联盟巴勒斯坦托管委员会”，大卫·本·古里安面对皮尔委员会宣读他的声明：“并非托管决议是我们的《圣经》，相反，《圣经》才是我们的托管决议。”大卫·本·古里安在1948年成为以色列的第一任总理。

本·古里安虽然深爱《圣经》，却是一个世俗的犹太复国主义者（见前文）。论及政治意义上的现代犹太复国运动时，犹太教神学家们常常自相矛盾。有些神学家，比如雷夫·库克（亚伯拉罕·伊萨克·库克，1865—1935，近代巴勒斯坦第一位大拉

以色列/巴勒斯坦

公元70年罗马人占领耶路撒冷之后的政治史

《圣经》规定以色列国的疆域在约旦河两岸，但根本不可能确然无疑地划定该国的疆界。“巴勒斯坦”之名也是指约旦河两岸的区域。现代以色列只有《圣经》应许领土的约九分之一；其余的领土包括约旦、“被占领地区”（现在由巴勒斯坦自治）以及黎巴嫩与叙利亚的部分地区。

70—395	罗马人直接统治
约395—638	拜占庭统治
614—627	波斯占领，犹太人自治
约638—1072	阿拉伯人统治
1072—1099	塞尔柱人统治
1099—1291	十字军统治（有间断）
1291—1516	埃及的马穆鲁克统治
1517—1917	奥斯曼土耳其统治
1920（22）—1948	英国以国际联盟托管委员会的名义统治
1947年11月29日	联合国决定，将巴勒斯坦分为政治上相互独立、经济上相互联系的犹太国和阿拉伯国，耶路撒冷由国际组织监管。犹太人接受分治，而阿拉伯人拒绝接受
1948年5月14日	以色列国宣布独立

1948年5月15日	英国托管权结束，五支阿拉伯军队入侵以色列,引发以色列的“独立战争”
1956	苏伊士战争
1967	六日战争，因埃及阻挡以色列人进入红海而引起。以色列挫败阿拉伯联军,重新统一耶路撒冷,占领西奈半岛、约旦河西岸地区、加沙和叙利亚戈兰高地
1969—1970	反击以色列的“消耗战”
1973年10月	第五次(赎罪日)阿以战争
1979年3月26日	《埃及-以色列和平条约》在华盛顿签署
1982年4月	西奈半岛正式归还埃及
1982年6月	以色列发动战争，打击巴勒斯坦解放组织在黎巴嫩的基地，最终在黎巴嫩南部划立“安全地带”
1987年12月	巴勒斯坦人发动“武装暴动”反对以色列在约旦河西岸和加沙地区的统治
1993	以色列与巴勒斯坦在奥斯陆签署协议，为巴勒斯坦自治铺平了道路
1994年10月	以色列和约旦签署《和平协议》
1995年10月	以色列与巴勒斯坦签署《第二轮奥斯陆临时协定》

比)，就是犹太复国运动的缔造者；他们视现代以色列建国为《圣经》预言的实现,或者至少是已经开始实现。其他神学家,比

如索特玛的哈西德教派，认为只有在救世主弥赛亚领导下建立一个国家，并依照“真正的”《托拉》的统治，才算是实现了《圣经》的预言；现代的以色列不符合这个标准。

许多犹太人，包括世俗的犹太人，认为以色列建国就是实现了犹太人民的“民族”期望；数千年来他们处于少数地位，受寄居国主流社会排挤，在所居住的国家里很多情况下实际上得不到完整的公民权，现在，他们觉得自己终于“回家”了，能在独立国家的正常限度内支配自己的命运了。对受迫害的犹太人而言，以色列就是安全的港湾；如果纳粹大屠杀期间已存在以色列国的话，他们就有乞援之处了。而且，以色列建国之后，犹太人可以摆脱少数群体身份所带来的阻挠和束缚，过上履践圣约的犹太生活。

在近两千年中，包括拉比犹太教的整个形成期在内，犹太人缺乏政治独立和政治权力，这样，犹太教神学家便不得不为“政教”关系中出现的大量问题寻求答案，这些问题在之前并未在实际生活中出现过。

在当代的以色列，存在着许许多多激烈的论战。

在多大程度上敦促民众服从宗教准则才是正确的做法？民主选举出的立法机构在哪个层面上可以给宗教强制划下界限呢？

婚姻是应该继续由宗教法庭管辖，还是应该建立世俗的婚姻登记制度？

对于少数派，包括对自己的信念“持不同见解的人”在内，法律面前人人平等意味着什么？特别是，改革派和保守派拉比为什么不能像正统派拉比一样有权主持婚礼，或者（就此事而论）为什么不能像基督教和伊斯兰教神职人员一样？

现状

以色列的法律体系基本上是世俗的产物，继承自英国托管时期。以色列没有成文宪法，国家与教会之间的关系以四个因素为基础：

1. 犹太教安息日及节庆日就是国家公共假日。

2. 犹太教规定的“可食之物”即为公众习俗的标准。

3. 个人事务（结婚、离婚以及继承的某些方面）服从拉比法庭的裁决。（非犹太人的个人事务由他们自己的宗教法庭或一般法庭管辖）

4. 公立学校既开设世俗课程，也开设宗教课程。（同样，其他宗教社团也有自己的教育机构。）

1980年7月23日，以色列议会颁布法令，宣布：“只要法庭发现有待解决的问题无法援引法规或司法判例，并且无法以类推法裁决，就可以按照以色列自由、公正、平等与和睦共处的原则予以解决。”

对流产、医学试验和尸体解剖之类的问题，传统的犹太律法严加限制，那么现在应该怎么做呢？

怎样与不同信仰的国家建立外部关系？

世间有“正义战争”之类的事吗？如果有，发动“正义战争”的前提条件是什么？“纯洁武器”这个新概念就是讨论“正义战争”问题的结果，特别要求武装人员要甘冒奇险，避免伤害非战斗人员，尽量减轻敌方的伤亡。

一个国家应该以什么方式、在什么情况下向其他国家输送武器或者提供救济呢？

所有的犹太人都必须住在以色列吗？

以色列人，无论是否信仰犹太教，都将《圣经》和拉比文献当做以色列民族历史的组成部分，世俗的和信教的以色列人拥有的这份共同遗产，不但没有消弭，反而强化了纷争的激烈性，因为他们的解读方式有天壤之别。态度悲观者认为，如果不是因为军事防卫需要合作，宗教与世俗之间的争议就会撕裂这个国家；目前，结果尚不能确知，但无疑局势非常紧张。

反思纳粹大屠杀的神学

反思纳粹大屠杀的神学在1970年代发展成为一个流派，然而，犹太人对邪恶与苦难的态度以《圣经》内容为基础，这种态度一直是犹太神学永恒不变的主题。

“尊上帝之名为圣”原则规定，犹太人必须准备好殉教，不能同谋杀人，放荡淫逸，或崇拜偶像。值得一提的是，许许多多犹太人在纳粹大屠杀的高压之下，仍然保持高尚的节操，遵照哈拉卡（宗教律法），拒绝与压迫者合作。他们用生命见证了上帝的存在，以及对上帝的忠诚。也有一些人不是那么坚定；所有犹太人都是受害者，但并非所有犹太人都是殉道者。

埃弗拉伊姆·奥什里拉比在立陶宛隔都考纳斯的大屠杀中幸存下来。在考纳斯，人们向他提出各种问题。他把这些问题以及自己的答复，写在暗地里从水泥袋上撕下的纸上，藏到食品罐中，战争过后又找了回来。文稿中说：“隔都的日常生活、我们吃的食物、我们共同生活的那些拥挤的住处、裹在脚上的破布、身上的虱子、男女之间的关系——所有这一切都包含在每个问

图13 这些犹太人可能被告知去“度假营地”；事实上，他们是去往史上最大的、最惨无人道的速杀死亡工厂。死于奥斯威辛集中营的人估计有二百万到四百万之多。其中约有二十万不是犹太人，包括波兰知识分子和爱国者；其余都是犹太人。

题的细节中……”

文稿中有这样的题目：“犹太人被迫撕碎《托拉》卷轴”、“为服苦役的犹太人读安息日《托拉》”、“为殉道者祈福”、“用洗礼证书自救”、“隔都的避孕用品”、“悔悟的囚犯头子”。下面简短的一问一答，表现了哈拉卡如何将宗教意义赋予受难者的生与死。

“我们这些考纳斯隔都里的犹太人……受德国人奴役；被迫劳作，夜以继日，不得喘息；饿得要死，得不到任何报酬。我们的仇敌德国人还下令把我们全部处死。我们都不能幸免。绝大多数人都得死掉。”那么，还有必要按照惯例在晨祷时诵读祷告词，感谢那个“没有让我们成为奴隶”的上帝吗？

奥什里答道：“祷告文最早的一个评注者指出，写这篇祷告文赞美上帝，不是因为上帝赐予我们身体的自由，而是因为上帝赐予我们精神的自由。因此，我决定，在任何情况下我们都不可以跳过或改变这种神恩。相反，尽管身陷囹圄，我们比任何时候都更应该诵读神恩，向敌人表明，我们这个民族在精神上是自由的。”

传统对苦难的解释令人信服，不仅仅是因为我们有强烈的负罪感，而且在于我们坚信有来生。这种信仰，不管是表现为肉体的复活、精神永生，还是表现为两者的某种结合，在正统派犹太教义中都是最重要的。有些犹太人，也许是受神秘哲学的影响，用转世的概念来解释清白无辜的人，比如孩子所经受的苦难。

有些人认为，纳粹大屠杀是上帝对以色列的公正审判，以色列对《托拉》圣约没有信仰，他们叛教、被异族文化同化、改革犹太教，都证明了这一点；大多数犹太人认为，这种言论对死者和幸存者都是污辱。

“毫无疑问，可以明确的是神圣的上帝是宇宙唯一的主宰，我们必须接受上帝充满怜爱的审判……”匈牙利拉比什穆埃尔·大卫·温加尔的话准确地表达出那些犹太人的淳朴信仰，他们走进毒气室，口中念诵着“我相信”（迈蒙尼德所确立的信仰声明）或“以色列啊，你要听”（《申命记》，6:4—9，宣称上帝是

纳粹大屠杀的历史真相

很多人喜欢用希伯来语单词“浩劫”(Shoah)来表示纳粹分子妄图灭绝犹太民族,因为这个词比“大屠杀”(Holocaust)少一点神学色彩。

1933年,希特勒一上台,就按照先前的承诺,开始颁布反犹法令;只要祖父母辈中有一位犹太人,这个人在种族上就被界定为犹太人。犹太人写的书被烧掉,犹太人的生意遭抵制,犹太人在各行各业都遭到排斥;1935年的《纽伦堡法》加强了这种立法,并将之推广到奥地利和捷克斯洛伐克。在“水晶之夜”,即1938年11月9日夜到10日黎明,犹太教会堂被焚毁,犹太人的店铺遭洗劫,成千上万的犹太人被押往集中营。

德国入侵波兰之后,犹太人被赶入各个隔都,许许多多犹太人被杀,有的则死于严酷的生活环境之中。

1942年,在柏林的万塞,纳粹分子决定实施“最终解决方案”,即从肉体上消灭所有犹太人。波兰的奥斯威辛、德国的贝尔森和中欧的其他地方建立了集中营,犹太人被送往那里,惨无人道地杀害,一般先用毒气杀害,再集体焚尸灭迹;犹太人中身强力壮者,在被杀之前都要像奴隶一般被强制劳动。德国纳粹制定了一套系统的政策,对犹太人极尽羞辱和诋毁之能事,然后再残酷地杀害。总共约有六百万犹太人遇害,差不多占欧洲犹太人口的三分之二,世界犹太人口的三分之一。

也有其他民族遭劫;但只有犹太人,也许还包括一些吉卜赛团体,纯粹是因为“种族”原因被挑出来试图完全消灭。

独一的主，犹太人有责任爱祂，守祂的圣诫）。大难临头，他们困惑不解，但他们的虔诚战胜了邪恶，按传统的说法，他们已经作好准备去"尊崇上帝之名为圣"。甚至在灾难最深重之时，他们还在表达对上帝的爱。

在死于浩劫的正统派遇难者心目中，天启的感觉很强烈，而且这种感觉现在越来越强烈。他们认为这场浩劫预示着弥赛亚来临与最终得救。宗教意义上的犹太复国主义者把这场浩劫和围绕以色列建国所发生的冲突，看成是"弥赛亚降生前的阵痛"。

"不以面目示人"的上帝这一观念越来越强烈，也许是因为它被神秘主义者（喀巴拉派）全面发展了。它与圣经评注中的上帝观念相关联，说得更准确些，即与神的显现相关联；"流亡"时上帝与以色列人同在，因为《诗篇》中说，"他在患难中，我必与他同在"（《诗篇》，91:15）。

埃利·威塞尔也许是研究屠犹浩劫最知名的作家，他的作品也最通俗易懂。他的小说是对那场浩劫"叙事形式的诠释"。小说《夜》描述了一个孩子被纳粹分子吊死在绞刑架上，因而也回答了一个尖锐的问题——"上帝在哪里？"人们看到，苦难使人得救。他的剧作《审判》表达了对上帝无比的愤怒；上帝自己受审，然而到最后当祂被判有罪时，"法官"站起身说，"我们现在祷告吧"。

理查·鲁本斯坦反思屠犹浩劫之后，拒斥上帝就是"历史之主"这一传统观念。上帝只是未能介入进来，挽救他的信众。鲁本斯坦不相信无神论，但他敦促基督教徒和犹太教徒以异教或亚洲宗教模式为基础，信奉非有神论形式的宗教，在圣殿祭祀的象征性中寻找深刻的精神资源。

埃米尔·法肯海姆的神学观基础，实际上就是不认为屠犹浩劫的受难者身上没有现实希望:“纳粹大屠杀之后，哲学意义上的‘得康’(Tikkun)[即‘补救’、‘复兴’]是可能的，因为在纳粹大屠杀过程本身，哲学意义上的复兴已然出现，不管多么零碎，不成体系”;对这个复兴过程来说，以色列的重生，以及与自我批评的基督教展开新的建设性对话，这些必不可少。法肯海姆得享盛名，还因为他曾下过一个断言:在第613条传统诫命之外，还应该加上第614条——对于那些幸存下来的犹太人而言，要记住，永远不要对上帝绝望，以免将死后的胜利拱手让给希特勒。

索洛韦伊奇克对上帝和历史的理解更具诗意、更传统:“在恐怖之夜的子时……在一个掩盖一切的黑夜……一个疑惑和叛教的深夜……响起敲门声，那是我们深爱着的神在敲门……犹太生活的七个大逆转，七个奇迹开始了——政治、军事、文化、神学、生活观、公民权和以色列国的新兴。”

令人惊讶的是，反思纳粹屠犹的神学家作出的反应，与那些出自早期传统文献中的答案竟然**如出一辙**;多数答案都是经受苦难而得救赎这一主题的不同形式，其洞见得自现代心理学和社会学反应，用于分析犹太民族的现状，往往相当敏锐。甚至包括鲁本斯坦在内的那些反应，都要求彻底修改传统的上帝观念，这些反应遵循了一种更古老的神学思潮，该思潮是由反驳尼采哲学而直接引发的。

上帝

每逢星期一，犹太人为什么要读《诗篇》第48章，赞美上帝救耶路撒冷出亚述侵略者之手？伊斯雷尔·利普许茨(1782—

1860）闻名于世是因为他的《〈密西拿〉评注》，也因为他经常连续三天斋戒。他认为，礼拜日读创世赞美诗（《诗篇》第24章），星期一读《诗篇》第48章，用以表明上帝创世之后，并没有“回到天上休息，不理睬祂的子民”，而是从天堂屈尊降临西奈山，给以色列人启示。

利普许茨的这种说法包含了两种尖锐的批评。他拒绝犹太教徒（以及基督教徒和伊斯兰教徒）中世纪宗教哲学的主要观点，即上帝就是抽象的第一推动力或存在的本源，无限地超出我们的理解能力。他同样也排斥18世纪广为流行的自然神论哲学，这种哲学承认上帝的存在，但认为上帝无限地远离人类世界，对人类的日常生活漠不关心，对各宗教之间争吵不休的教义也了无兴趣。利普许茨心目中的上帝容易接近（虽然也有些苛求），非常关切“祂的子民”的日常生活，因而屈尊把最好的生活方式启示给人类。

利普许茨重塑了《圣经》中的上帝和拉比传统，这是一个“食人间烟火”的上帝，与人类深切相关。大多数后世的犹太思想家沿袭这一思想脉络，忽略了中世纪哲学家们所提出的对上帝存在的抽象、界定和证明。

但是，一旦论及一个关心人类、与人类相互影响的上帝，就赋予了祂一种人的品格。对改革派犹太教思想家，如赫尔曼·科恩（见第98页）和利奥·拜克而言，或者对“现代正统派”拉比，如萨姆森·拉斐尔·希尔施而言，上帝就是道德意义上的上帝；他们将《托拉》——赫希甚至将祭祀制度的大多数玄奥细节——解释为主要关乎道德价值观，因而以色列的使命就是向世界宣布道德规范。

马丁·布伯和埃马纽埃尔·勒维纳斯将信仰置于与上帝的

关系之中讨论。布伯声称,生活的一切就是相遇,重要的是处理好你与上帝、与人之间的关系(要讲"我—你"之间的直接关系,而不是"我—它"的间接关系);这种关系是上帝启示的基本要素,道德行为即源于此;法律与规则无力获得启示,注定难当此任。

此外还有更多有关上帝的概念。有认为上帝不是超自然的,其存在仰赖犹太教文明的发展来表达(卡普兰);哈拉卡中的上帝是先验的,其无上的启示通过完美的、先天的法律制度实现,可以面对和消弭科学界与宗教界之间的分歧(索洛韦伊奇克);"人格化的"上帝,与我们的感觉有共鸣,分享我们的希望与快乐,分担我们的悲痛与苦难(海舍尔);圣约中的上帝,其道德的和宗教的要求已借助祂与宗教社团的圣约关系而广为人知(博罗维茨、诺瓦克、哈尔特曼);未介入人世的上帝,祂没有救受害者出纳粹大屠杀的灾难,只是一言不发、显然无所作为,而我们却从中发现自己内心世界里的精神性(鲁本斯坦、库什纳);甚至还有一位"动辄破口大骂的上帝"(大卫·布卢门撒尔),我们必须与他寻求和解,像与父母和解一样,我们在他的手底下遭受了痛苦。

不论是哪一个,上帝就在那里,活生生的,有影响力。祂还活着。下面我们就谈一谈这一点。

女性主义

在18世纪后期的欧洲,紧随启蒙运动和工业革命之后,经济变化与社会变迁引发了妇女权利运动,也叫女权主义或者妇女解放运动;法国大革命时期的妇女共和俱乐部呼吁,"自由、平等、博爱"应该适用于所有人,不分性别。

科学研究表明，男女间许多所谓的差别都是文化的产物，而不是由生理决定的特征。语言用阳性指代集体形式，这本身就被视为在延续女性的“隐形状态”或“他者身份”，让女性附属于男性。女性团体力主男性分担家庭角色，主张立法认可堕胎和承认女同性恋者的权益。这一切是怎样冲击犹太教的呢？

《圣经》、《塔木德》和近代之前的犹太教认为，父权制和专制的社会制度是理所当然的。《创世记》第2至3章的创世故事中说，夏娃是用亚当身上的一根肋骨做成的，而且受引诱吃了禁果。这个故事说明理想乐园是怎么丧失的，而且证明了让夏娃服从于亚当的权威是正当的。只在某些“女性专属”的领域（比如母系氏族社会的族长，以及米利暗姆、路得、以斯帖），或者作为某些特殊的个体，或善（女士师底波拉、女先知户勒大）或恶（女王亚他利雅），女性才显得出类拔萃或颇具影响力。至于上帝，则总是男性。

但是，《创世记》第1章第27节说得清清楚楚：“于是，神照着自已的形象创造人；就是照着他的形象创造了人；他所创造的有男有女。”这就是说，利用我们的上帝观念规范人的行为，我们不应该区分男人和女人。同样，拉比“模仿上帝”的构想，就是把与女人相关的美德也与男性角色结合起来：“一个人如何才能像上帝那样行走呢？经上不是写着‘因为耶和华你的上帝是一团烈火’吗？但是，要学上帝的样子。像祂一样给赤身的穿上衣服……像祂一样探访病人……安慰孤寡……埋葬死者……你也该这样。”这里实际上根本没有特别男性化的品质。上帝劝诫我们要模仿的，是爱和怜悯，而非由正义引起的复仇或强制行为。

如果说在犹太传统中，关于女性上帝形象的描述很有限，那么,创造一个新形象有意义吗？丽塔·格罗斯力主,祷告时吁求上帝的耳熟能详的形式应该转变为阴性形式。比如,应该说“上帝独一,感谢主(She)”,来取代现在的阳性用法。她还列举出五个基本的女神形象,需要译为犹太教术语：

- “对立面的偶合”,或者说“模糊象征主义”
- 上帝圣母的形象,两个词必须同位结合在一起
- 母性女神和文化女神,创造性的共生的两面
- 赋予智慧、庇护学术和知识的女神
- 主张性行为是神性的一个方面

她总结道：

> 时间漫长的几百年间,我们言及上帝,仿佛她/他只是一个男性,神性的多维度已经消失了,或者说,严重削弱了。现在,多维度的神性恢复了。它们似乎与对上帝之无所不在的接受有关,与本质和循环周期有关。封闭、内在空间以及曲线的隐喻似乎占了优势。介入与超越参半,历史与线性时间参半,前进、暴露与直线参半,这个真相是多么大的一个安慰!

重建派犹太教自1968年创立以来,一直主张男女间完全平等,在主张不分性别的宗教礼拜方面,比任何其他教派都走得更远。改革派犹太教已经逐渐实现了男女平等,许多改革派宗教集会都尝试过必需的祷告仪式改革;比如,祷告词“我们父辈的上帝,亚伯拉罕、以撒和雅各的上帝”变成“我们祖先的上帝,

亚伯拉罕、以撒和雅各的上帝；撒拉、利百加、拉结和利亚的上帝”。保守派犹太教在继续忠诚于哈拉卡的同时，致力于实现男女平等；1983年，保守派决定授予女性拉比职位，造成了该派的分裂。

正统派犹太教在会堂依然保持男女分座，不让女性参加《托拉》诵读，不把妇女计入祷告法定人数，更不用说任用女性为拉比了，并且，正统派依然保留着传统哈拉卡中有贬低女性之嫌的其他方面。然而，正统派也不能不受妇女运动的影响；他们改进了女性教育机构，允许甚至鼓励妇女参加公共活动，而这些做法一般看来并不见容于哈拉卡。值得一提的是雅各之家运动和月朔节运动：雅各之家运动于20世纪早期源自波兰，目的在于发展女性教育，月朔节运动兴起得更晚，它鼓励女性组织祷告团体、接受教育，并且与其他团体一起采取有力措施在正统派犹太教社团中争取女性权益。

第九章

岁月变换，“律法永恒”

这本书就要结束了。在最后一章，我们按照字母表顺序浏览一遍实例[①]，看看大拉比（决定律法的拉比）怎样利用传统资源解决当代的难题。这是一个关键的举措。如果《托拉》如信徒所说的那样，的确是“永久法”，那就必须做到，任何时候、任何地点都能从中获得引导。一般的道德原则在《圣经》和《塔木德》中都能轻松地找到源头，但对具体的问题给出明确的答案就不那么容易了。

在犹太教中，可以利用哈拉卡具体地解决问题，这个推理过程要以权威根源和先例为基础。

现代社会在生物科学和医药技术领域所取得的进步，造成了经济、法律和伦理道德上的问题，而在犹太律法初创时期，这些问题根本没被考虑过。目前，有成千上万部犹太拉比问答实录出版面世，我们的所有实例都将从这个颇富挑战意义的领域择取。像耶路撒冷的沙雷·泽德克之类的医院容许对哈拉卡的规范进行检验；像贝尔谢巴的本·古里安大学之类的学术机构

---

① 指本章以下各小节按照小标题英文原文首字母先后顺序排列。——编注

在犹太医学伦理学会中占有主导地位；像美国拉比理事会之类的拉比组织不断地修正医疗方面的哈拉卡并予以发布；各个犹太教派的专家都写了大量关于医学伦理和医学哈拉卡的书籍和文章。

保守派和正统派拉比都声称，他们的结论基于哈拉卡，不过保守派更强调历史语境。

不是每个人都相信，哈拉卡的程序稳妥可靠。丹尼尔·戈迪斯表示，正统派反对人工授精的真实原因，并不是出自真正的哈拉卡主张，而是出自对一个已婚女子因另外一个男人的精液而受孕的反感；他们真正关心的是性行为、父母身份和婚姻的特质等问题。"但如果就是这些问题导致我们反对人工授精，"戈迪斯评论说，"我们应该明确表明立场，就其自身的是非曲直来讨论这些问题，而不能引述次要问题，让突出的哈拉卡问题变得模糊。"因而，他不赞成将哈拉卡的内容当成法规体系来分析，而赞成以之为储备，从中可以获取人的意义的内涵，即按照神的形象创造的人；我们关于医学伦理的结论应该以这些概念为基础。这大体上就是改革派和重建派的立场。

埃利奥特·多尔夫从生命终结的角度探讨这些问题，他发现正统派与改革派的立场都不能令人满意。正统派拘泥于规范与先例，又失之应用不当和主观武断，因为他们没有充分考虑时代的差异，发生先例的时代与我们所处时代的医疗状况截然不同；改革派的失败在于他们诉诸"圣约的责任"之类的概念，这种做法缺乏哈拉卡的制约，根本不能与自由的世俗道德规范相区别。他自己偏向于把保守派观点大体上分为三个层次。首先，必须在历史语境中研究犹太教的概念和律法根源。以此为基础，可以辨别我们面临的形势与经文形成时的形势之间的相关差别。这样，也只有这样，才能借助传统资源解决当代出现的问题，不仅要利用纯粹的法律推理，还要“慎重考虑我们是上帝按照自己的形象创造出来的人类这个本质”。

堕胎

犹太律法禁止堕胎，但不将堕胎视为杀人。既然堕胎不算是杀人，就出现了这样一种可能性：如果生育危及母亲的生命，与其放任自然生产而累及母亲的性命，就不如选择堕胎。这条堕胎的基本原则，《密西拿》（见第27—28页）中作了阐释：“如果妇女难产，可以将胎儿切碎，一块块掏出来，因为母亲的性命高过胎儿的性命。但如果婴儿的大部分身体已经探出（生出来），就不能动（伤害）它，不能因为一条生命而不顾另外一条生命。”

乍看起来，分娩时的妇女所处的情形似乎近于遭到侵害者追杀的受害者，法律对此情形的规定是，受害者应该得救，即便为此而不得不杀掉追杀者。同样的道理，即便“婴儿的大部分身体已经生出来”，也得堕胎，因为这个婴儿和胎儿一样，也是“追杀者”。17世纪的波兰拉比约书亚·福尔克谈到这个问题时说，分娩过程中的婴儿不能被视为追杀者，因为这是“自然世界的产物”，因此，母亲的生命并不优先于婴儿；然而，一个未出生的胎儿还不算是完整意义上的人（nefesh，字面意思是“灵魂”，用于此处表示“有资格称做人的人”），这样，尽管胎儿不该被随意杀掉，他或她仍是一个“追杀者”。

亚伊尔·哈伊姆·巴哈拉赫（1638—1701）主张，如果不是出于促进道德、消除淫乱的考虑，就应该允许一个因通奸而受孕的女子接受堕胎手术，毁掉“她身上遭人诅咒的种子”。18世纪，雅各·埃姆登提出一个类似的问题：一个因通奸而受孕的女人是否可以堕胎，使她摆脱“巨大的痛苦”，即使生孩子不会危及她的生命？后来的权力机关已经准备考虑堕胎政策，特别是在胎儿不足四十天的情况下，在足月生下胎儿会给母亲带来巨大痛苦或羞辱时。

20世纪有两位重要的立法拉比摩西·范斯坦(1895—1986)和埃列泽·耶胡达·瓦尔登堡，二人之间就可否堕胎问题展开辩论，将问题推向了成熟阶段。如果明知一个胎儿得了泰萨二氏病，即先天身体残疾、智力迟钝、失明失聪、活不到三四岁，这种情况下，该不该堕胎呢？瓦尔登堡援引埃姆登用过的例子，认为即使怀孕七个月也允许堕胎，以避免这类悲惨的分娩给母婴双方带来“巨大的痛苦”。范斯坦表示反对，理由是分娩没有直接危及母亲的生命，堕胎虽然严格说来不是谋杀，但正常情况下肯定应被视为一种谋杀而加以禁止。显然，范斯坦注意到了当时美国日益强化的一种倾向，即允许出于医疗、社会以及“私人”的缘故实施堕胎；范斯坦确实是出于对道德的强烈关注，才坚决反对当时对堕胎的宽容态度。

支持或反对堕胎的哈拉卡观点都没有考虑妇女对自己身体的权利，就此事而论，也没有考虑男人对家中女眷的权利问题。这种争论只关注(1)妇女自己的生命权利，(2)胚胎或胎儿的生命权利。这些权利相互冲突时，就有必要探究胚胎或胎儿的权利到底有多大；有些权利自受孕起就已经获得，但完整意义上的人权只有在出生之后才能获得。

没有任何一个犹太权力机关仅仅出于将堕胎作为一种控制人口的手段而允许堕胎。

人工授精

哈拉卡在考虑是否准许人工授精时面临三个难题：

1. 一个已婚妇女不是因为丈夫而是因为别的男人受孕，但不是通过正常的性行为，她生的孩子合法吗？换句话说，这个女人犯了通奸之罪吗？
2. 即使这个女人的丈夫就是捐精者，她在宜于分居期（严格地说来，在月经期间、还没有行洁净礼）可以受精吗？
3. 既然在其他情况下禁止手淫，该怎样从丈夫或捐精人那里取得精液呢？

人工授精似乎是20世纪才出现的新问题，但《塔木德》中也有此类实例，谈到处女"在洗浴的地方"受孕的可能性，也就是说，遗弃在那里的精液偶然进入了体内。中世纪对此类事例有过大量讨论；据西蒙·本·泽玛·杜兰（1361—1444）描述，另一位拉比以及"许许多多非犹太人"都曾告诉他，他们认识的处女就是这样怀孕的。西蒙也许是太过轻信了，但即便这类事情纯属虚构，还是有了司法判例。

摩西·范斯坦拉比认为，只要没有违禁的性行为，就不能认为发生了通奸，这样，"在洗浴的地方"受孕生下的孩子就不会是非法的。他没有积极鼓动任何人采取人工授精的办法，同时他认为，也不要明令禁止人工授精。

范斯坦的宽容态度遭到雅各布·布赖施拉比的猛烈抨击。布赖施痛斥由外人捐精受孕令人发指、恶心，应该禁止，同时，他也承认那个孩子是合法的，孩子的母亲没有犯通奸之罪，而且如果捐精人是丈夫，也是允许的。布赖施的反对立场似乎更强调一种犹太人的公共关系，而不是与人工授精相关的具体的哈拉卡；他觉得，犹太教徒在道德问题上不应该比基督教徒表现得更放任，并且，因为天主教会反对人工授精，如果犹太教徒在道德上更为松懈，就会降低犹太教的地位。范斯坦不假思索地拒斥了这种论调，这也许表现出美国人与欧洲人不同的态度。

萨特马尔的哈西德教派拉比乔尔·泰特尔鲍姆是范斯坦最强劲的论敌，他的立场是，男人的精液不管以什么方式，只要放进他人妻子的身体里，就构成通奸。范斯坦轻而易举就表明，泰特尔鲍姆的观点没有哈拉卡的根据。

安乐死

“仁慈地结束生命”有三种形式可以考虑。一种是优生安乐死，即杀死残疾的或“不合乎社会需要的”个体；犹太教绝对不支持这种方式。争论的焦点在于（1）积极安乐死和（2）消极安乐死。积极安乐死是用药物或其他医疗手段，帮助病人快速从痛苦之中解脱出来；消极安乐死就是中断治疗，让病人自然死亡。

一份早期拉比文献毫不含糊地声明，“生命垂危的人从方方面面来讲都是有生命的人……不可以捂住他的嘴，让他无法张嘴……不可以挪动他……不可以合上垂死之人的双眼。如果触摸或挪动他，就好像是让他流了血，如梅厄拉比所说，‘这就像一个摇曳的火苗；一动它，就会熄灭。’同样，如果合上垂死之人的双眼，就好像夺走他的生命。”主要的律典规定，如果有什么东西，比如劈柴的噪音，阻碍“灵魂离开”，就要停止该活动，让死者安然离开。

这两种规范区分了积极和消极的安乐死，后世的哈拉卡多取决于这种区别在当代社会条件下的完善和应用。积极安乐死一般被视为谋杀；消极安乐死有时是许可的。人们敦促医生要尽全力挽救并延长生命，哪怕只延长短短的一段时间，哪怕病人正承受巨大的痛苦。有些权威组织坚持认为，撤走维持生命的设备不像经典案例中所说的“消除劈柴的噪音”那样简单；维持生命是积极的治疗方法，而外在的噪音仅仅是死亡的障碍。其他人则把握不清两者的区别。

瓦尔登堡认可使用麻醉药和镇痛剂，以舒缓垂死之人的痛苦，即便这些药品会抑制呼吸系统的活动、加速死亡，但前提是用药的目的仅仅在于舒缓疼痛。再者，如果这个病人已经病得无药可治，没有任何转机，则不可以给病人使用人工维持生命的治疗方法。但是，如果已给病人接上人工维持生命的仪器，那么，直到病人按照哈拉卡的标准来判断已经去世，才可以断掉仪器。为了避开后一个规范的严酷性，瓦尔登堡提出一个新的建议，即呼吸机要装配自动时钟；设定的时间结束后，呼吸机会自动断开连接，这时就要求作出积极的决定，是否继续治疗，如果没有治愈的希望，则不必继续。

12世纪的《塔木德》评注学者雅各·泰姆似乎暗示，当事人主动放弃生命，以避开过度的折磨是可以的。有些情况下，自杀主要是为了不犯更严重的罪。泰姆上面说的是不是仅指这种情况，尚不明确。拜伦·舍温援引这一点以及类似的规范作为基础来重新审视积极安乐死的问题；这种论点在正统派人士中少有认同，保守派和改革派犹太教徒则更乐于接受。

尽管不可以采取积极的措施加速遭受痛苦者的死亡，很多情况下连消极的措施也不能用，但是很多哈拉卡作者认为，可以为他或她解脱痛苦祷告；《塔木德》中显然是以赞同的口吻记载道：犹大·哈-纳西（见第26页）的女仆见犹大十分痛苦，就祷告“天上的啊[即天使]追寻主人，地上的啊[即犹大的朋友和门徒]追寻主人,愿天上的胜过地上的"。19世纪的土耳其拉比哈伊姆·帕拉吉认为,这种祷告应由与受苦者没有任何关系的人来完成;亲属不适于进行此类祷告。

代孕母亲

犹太律法中,父亲和母亲双方的身份都与"自然的"父母联系在一起,法庭判决也不能改变这一点,哪怕是办理了领养手续。如果一个女人通过移植的卵巢、移植的受精卵或胚胎移植而生下一个孩子,从遗传学的角度来讲,这个孩子不是她的。就尊重父母而论,即便是养父母也必须受到尊重。但是,遗传学意义上的母亲和妊娠代孕母亲之间的差异,是怎样影响遗产继承、乱伦以及长子赎罪仪式等问题的呢?

现在正统派人士的一致意见似乎是,如果受孕和培植在一个女人身体内发生,那么这个孩子就是她的,哪怕胚胎最终被移植走;有些人坚持认为,只有受孕超过四十天之后移植,这个观点才成立,因为受孕四十天之内,胚胎还"只是水"。如果受孕在体外,那个被植入胚胎、生下孩子的妇女就是母亲。接受卵巢移植的妇女怀孕生下的孩子就是她的。

显然,正统派人士决心忽略遗传学问题;至少,他们的立场与传统文献一致,那些文献资料肯定不知道遗传学为何物。《塔木德》将男女双方在生育中扮演的角色理解为父亲提供"种子",母亲提供孕育孩子的"土壤",而不是父母贡献相互补充的几组基因。因此,当大卫·布莱希分析《塔木德》的一段话后总结说,"母亲的身份在配子产生的第一刻就确定了",他错了;配子,甚至还有卵子,在哈拉卡的传统文献里根本找不到。

结语

几乎从当代生活的每个领域都能找到相似的实例，比如，决定律法的拉比从《圣经》、《塔木德》以及拉比传统文献中寻求引导，其他领域，比如妇女地位、战事实施、商业伦理、环境保护、人际关系的方方面面以及宗教仪式等，也是如此。在每个领域内，以不同的方法运用传统文献都在正统派、保守派和改革派身上重新出现。

在这个具有决策意义的过程中，经过哲学的和神学的思索，传统教义在现代世界中变得更易于理解、接受，屠犹浩劫的后果是要求人们真挚地自我反思，建立政权的新经验也向犹太人提出了挑战。犹太世界在知识与情感上从来没有经历过这样的动荡，而且，这个“从来”肯定不只是从近古时代算起。

然而，犹太世界也从来没有过如此激烈的反响。我们对犹太教的简略回顾在某种程度上表明了这些反响的丰富多样，这又证实了一个古老的传统绵延不息的生命力，它时刻准备着在一个不断变化的世界里获得新生。

前方的路不会一帆风顺。以色列的土地上，和平的前景依然扑朔迷离，离散的犹太民族仍在饱受着遭到同化与人口减少的苦痛，宗教与政治的分歧还在延续。然而，如果只有精神的中庸，就无法在混乱的世界中明辨重新发现犹太教、振兴犹太教的意义，而重新发现犹太教、振兴犹太教预示着这个具有历史意义的信仰与这个民族的美好未来。

附录A

信仰原则十三条(由迈蒙尼德制定)

由摩西·迈蒙尼德在1160年前后创作的《〈密西拿〉评注》中首次提出。

我以十足的忠诚相信:

1. 造物主是世间万物的创造者和引导者。
2. 造物主是唯一的,是独一无二的;祂是我们的上帝,是永远存在的。
3. 造物主没有肉体,也没有任何肉体的特征,在世间是无可比拟的。
4. 造物主是最早的存在者,也是最后的存在者。
5. 正确的做法是直接向造物主祷告,不向任何其他的存在者祷告。
6. 先知所说的每句话都是真实的。
7. 摩西的预言是真实的,他是所有先知之父,即最伟大的先知。
8. 现在为我们所拥有的《托拉》,就是上帝赐予摩西的。
9. 《托拉》不可更改,造物主也不会赐予任何其他的《托拉》。
10. 造物主知道人们的行为和想法。
11. 谁信守祂的圣诫,谁就得奖赏;谁违背圣诫,谁就受惩罚。
12. 弥赛亚还没有降临,必须持之以恒地期望祂到来。
13. 死者会重新被赋予生命。

附录B

改革派犹太教的《费城纲领》

费城会议，1869年11月3日至6日

原则声明

1. 弥赛亚拯救以色列的目的不在于恢复大卫子孙统治下的旧犹太国，再次将以色列与世界各国隔开，而在于承认上帝的独一性，联合上帝所有的子民，以便实现全部理性造物的统一，实现他们所需要的道德净化。
2. 我们认为，第二犹太共和国的毁灭不是在惩罚以色列的罪孽，而是上帝启示给亚伯拉罕的那个神意的结果。随着世界历史的推进，神意更加明确，即让犹太人遍布整个地球，完成他们崇高的祭司使命，引导世间万国万民真正认识和崇拜上帝。
3. 亚伦的大祭司身份和摩西的献祭礼拜，是全体犹太人真正祭司身份的初期准备阶段，它始自犹太人散居于世界各地，也是虔诚信奉和道德净化的准备阶段，仅仅这一点就是上帝所喜悦和所接受的。这些机制是为更高形式的宗教虔诚所筑就的基础，随第二圣殿的毁灭，它们彻底地成为过去；祷告时提及它们，也只是在过去的教化影响这个意义上。
4. 亚伦后裔与非亚伦后裔之间的任何区分，就宗教仪式和宗教职责来说，都是不可接受的，不论是在宗教崇拜，还是在社会生活中。

5. 上帝拣选以色列民族为信众，让他们承载最崇高的博爱思想，这一点要一如既往地予以强调。正因为如此，每逢提及这一点，必定充分强调以色列人救助全世界的使命，强调上帝怜爱所有子民。

6. 肉体复活的信条没有任何宗教基础，灵魂不朽说仅指灵魂在来生存在。

7. 当务之急是修习希伯来语，因为神圣的启示是用希伯来语给出的，希伯来文学影响着所有开化的民族，其不朽作品通过希伯来语保存下来；修习希伯来语必须是我们为履行宗教职责和义务所一直希望掌握的，然而，大多数信奉同派宗教的人已经不能理解希伯来语；所以，在这种情况下，祷告时希伯来语必须让位于通俗易懂的语言，这才是明智之举；如果祷告文无法理解，祷告也就徒具形式了。

大会也就结婚和离婚问题作出了决议，一方面认可母系血统决定犹太人身份的原则，同时强调即使是未受割礼的男孩，只要母亲是犹太人，他就是犹太人。

索 引

（条目后的数字为原文页码）

A

B

C

D

E

F

G

H

I

J

K

L

M

Q

R

S

T

U

V

W

Y

Z

Norman Solomon

JUDAISM

A Very Short Introduction

Hath not a Jew eyes? Hath not a Jew hands, organs, dimensions, sense, affections, passions! Fed with the same food, hurt with the same weapons, subject to the same diseases, healed by the same means, warmed and cooled by the same winter and summer, as a Christian is? If you prick us do we not bleed?

William Shakespeare, *The Merchant of Venice*, III. i. 63

Contents

1. Jewish immigrants to Israel from various countries. Note the wide range of features indicating varied ethnic origins.

Introduction

Finding the right words

You are reading a book written in the English language. The English language is not neutral. It evolved in a Christian civilization; it comes ready loaded with a cargo of Christian concepts and assumptions. As Christianity was born out of a conflict within first-century Judaism, and defined itself as against Judaism, it is difficult from within a Christian culture and language to look at Judaism with the innocence you might look at, say, Shinto or Buddhism. Just think of some of the offensive overtones which have been carried in English by the simple word 'Jew'.

If you find yourself asking questions like, 'What do Jews believe about Jesus?', or 'What is more important in Judaism, faith or works?', you have got off on the wrong footing; you are approaching Judaism with cultural baggage imported from Christianity. You will find answers to some questions of this kind in this book, but they will not help you to comprehend Judaism *as Judaism understands itself*, from within; Judaism simply does not define itself around Jesus, nor does it assume that faith and works are opposing concepts.

So let us make a fresh start and try to discover what it's like to be a Jew, how Judaism looks *from within*. Here is a list of key terms drawn up by a class of Christian students who were trying to identify the terms that might be useful to explain to others what it was like to be a Christian:

- God the Father, Son, and Holy Spirit
- Resurrection
- salvation
- Baptism
- forgiveness
- Crucifixion
- conversion
- Confirmation
- Ascension
- justification
- Scriptures
- faith
- love
- Nativity
- Holy Communion
- prayer
- trust
- fellowship
- 'born again'
- obedience
- eternal life
- discipleship

The next list was drawn up by a religious Jew who wanted to explain his faith to a group of Christians:

- God (personal, historical, protean relationship)
- Torah (the way, instruction, teaching, *not* law)
- *mitzva* ('commandment' = the practical unit of Torah = good deed)
- *avera* (transgression, sin)
- Free Will
- *teshuva* (penitence, 'returning' to God)
- *tefilla* (prayer)
- *tsedaka* ('fairness', 'correctness' = charity)
- *hesed* (love, compassion, kindness)
- *yetser tov* ('good impulse' – the innate, psychological, tendency to do good), contrasted with *yetser hara* (the impulse to do evil; the cause and the remedy for unfaithfulness to God lie within the individual)
- Israel (people, land, covenant).

Some of the terms (God, Torah, Israel) are familiar enough to English-speaking Christians; but the compiler of the list evidently thought they should be glossed, because, despite the familiarity of the words, they might be misunderstood. Rather a lot of the words, however, are Hebrew; though they are everyday Hebrew words, 'easy' words in that language, it is very difficult to formulate their meaning in English.

As it happens, all of the words in the Christian list except the Christological group 'Son,' 'Crucifixion', 'Ascension', and 'Nativity' might well be used in a Jewish conversation. But they would carry different nuances, and a different 'weight' within the system. It is precisely words such as 'covenant', 'salvation', and 'scripture', widely used in both faith traditions, that cause the most confusion; their use overlaps, but does not entirely coincide. Sometimes, the two religions are divided rather than united by a common language.

Do not worry that the Hebrew words sound as if they might be hard to remember or to understand. They will be explained again whenever necessary, but the best way to pick them up is in context, in reading this book or others, or in your conversations with Jews who use them naturally. It is just like learning a language – in fact, it *is* learning a language, the 'natural' language of Judaism.

No religion is an abstraction. Its adherents may claim that God inspired it, or even that he dictated its texts, and that it is eternally valid. But the texts have to be interpreted by people and implemented in the lives of people, and the story which will unfold on the pages ahead is the story of how Jews have lived with their texts for the past two thousand years.

Our story has four *dramatis personae*: God, the Torah, the people of Israel, and the surrounding world. It is a story in which relationships are important, and the 'particular' (Israel) is in constant interaction with the 'universal' (humanity as a whole, in the shape of the surrounding culture). There are challenges and responses, tensions and resolutions, tragedies and joys.

'Judaism' is the religion of the Jews. Obvious. But who *are* the Jews? That will be the theme of Chapter 1. For the moment, we will regard as Jews all members of those groups today who define themselves as Jews in positive relation to the traditions formulated by the rabbis of the Talmud (you can find out about the Talmud in Chapter 3). This definition excludes 'the religion of the Old Testament', still presented as 'Judaism' in reactionary theological colleges. The world of the rabbis is grounded in that of the Hebrew scriptures on which it rests its authority, but as we shall see it is far from a literal reading of the text.

Likewise, the definition excludes other 'Jewish sects' which flourished in the first century – for instance, Essenes, Sadducees, Samaritans, and 'Jewish Christians', though we will meet some of these groups in Chapter 2, when we tell the story of how Judaism and Christianity, which were at first one religion, split apart.

We will focus on religion. Religion cannot be divorced from society or from history or from the emotional experiences and intellectual insights of its adherents. Therefore, some information about Jewish society and history will be included.

And we will make our own choice amongst the great schools of Jewish historiography, who tell the same story so differently from one another. There is, for instance, the 'lachrymose' school, to whom Jewish history is a vale of tears and suffering and martyrdom as one persecution followed another; this has been with us since Ephraim of Bonn, in the twelfth century, composed his famous martyrology in the wake of the massacres of Jews in the Rhineland, England, and France which accompanied the Second Crusade. Then there is the 'Jerusalem' school (Ben-Zion Dinur), in whose eyes all Jewish history relates to the Land of Israel, and at the opposite pole the great historian Simon Dubnow who stressed the positive achievement of 'Diaspora Judaism'. And there are the traditional theologians who, in true biblical style, see history as the narration of the people's sinfulness and penitence and God's punishment and reward, or who divide history into great 'pre-ordained' cycles, culminating with the arrival of the Messiah. Sherira Gaon, in tenth-century Babylonia, set the pattern for those to whom history meant tracing authentic tradition back to Moses. Franz Rosenzweig, in twentieth-century Germany, seems to deny that history is significant at all: 'We see God in each ethical action, but not in the finished whole, in history; for why would we need a God, if history were divine?'

For us, however, the emphasis will lie with the *creative* history of Judaism. The suffering and the persecutions and the forced migrations cannot be denied, but amazingly throughout the centuries the spirit has flourished with a still unending procession of poets and saints, of philosophers and of Bible commentators, of grammarians and talmudists, of lawyers and satirists and pastors and schoolmen, of unsung women and men of humble faith.

Chapter 1
Who are the Jews?

Is the tomato a fruit or a vegetable? To the botanist it is undoubtedly a fruit, to the chef a vegetable, but what would the tomato itself say? If it thought about the matter at all, it would probably have the same sort of identity crisis Jews are apt to get when people try to strait-jacket them as a race, an ethnic group, or a religion. Neither tomatoes nor Jews are particularly complicated or obscure when left to themselves, but they also don't fit neatly into the handy categories such as fruit or vegetable or nation or religion which are so useful for pigeonholing other foods and people.

How would you recognize a Jew if you bumped into him or her in the street? Since there are black as well as white Jews, oriental as well as occidental, converts as well as 'natives', atheist and agnostic as well as many types of religious Jews, is there any way to describe them collectively? How many of them are there? Where do they live?

Who the Jews used to be

The question of Jewish identity is surprisingly new. Nobody in medieval Christendom, for instance, thought there was a problem. They *knew* who the Jews were. The Jews were a 'special people', 'the chosen people', as it says in the Bible, chosen by God to be the vehicle of His revelation. But they had rejected Jesus, and therefore were accursed and condemned to lowly status until, in the fullness of time, they would recognize Jesus. By the late Middle Ages the Christian prophecy had fulfilled itself; Christians, by the exercise of political power, had actually brought the Jews to the lowly social state they had prophesied for them. Jews were confined to ghettos, made to wear distinctive clothing, excluded from guilds and professions and the ownership of land, vilified from the pulpit as killers of Christ, accused of poisoning wells (during the Black Death), of desecrating the Host, of murdering Christian children to use their blood for the Passover (the so-called 'Blood Libel'), and of almost every villainy that a warped mind could project on an alien group.

It is revealing, and rather shocking, to look at the way Jews have been portrayed in Christian religious art, especially in the west. Prior to the twelfth century they have no physical features to distinguish them from other people. Then, suddenly, there is a change, and Europe's Jews acquire hooked noses, webbed feet, and other aspects of what was thought to be the physiognomy of the devil; even in the twentieth century the folk belief persists in parts of Europe that Jews have horns. But, of course, it was not the Jews who mysteriously changed their appearance in the twelfth century and changed back again in the modern period, but Christian iconography, which articulated the myth of Jewish alliance with the devil.

The stereotypes generated within medieval 'Christendom' persisted even when the system collapsed under the impact of the Enlightenment. Even a champion of the Enlightenment such as Voltaire regarded the Jews as a reprobate and inferior race. In place of the theological anti-Judaism of the Church there came into being a racial 'anti-Semitism', which culminated in the Nazi *Endlösung*, or Final Solution, the project of humiliating and physically exterminating the 'Jewish race'.

The Nazis, however, had a problem. By 1933 it was transparently obvious that Jews did *not* have tails, horns, or any other gross features to distinguish them from other Germans (or Poles, or whatever). So, whilst Goebbels and his propaganda machine revived the medieval caricatures for publication in *Der Stürmer*, the reality of Jewish 'normality' was so far from the fantasy of Jewish racial distinctiveness that the Nuremberg laws had to define Jews lamely as anyone who had at least one Jewish great-grandparent – that is, 12½ per cent of 'Jewish blood'. Ominously, the Nazis based their early anti-Jewish laws – including boycott, segregation, and distinctive clothing – on those of Pope Innocent III's Fourth Lateran Council of 1215; a major aim of such legislation was to isolate Jews by making them *look* different from other people, despite the fact that nature had inconveniently fashioned them much the same as everyone else.

How Jews used to think of themselves

For as long as the surrounding cultures, Christian or Muslim, persisted in defining Jews as 'a people apart', and setting up laws to ensure this separateness, Jews internalized their social condition and themselves interpreted it in the old biblical terms. They saw themselves as God's chosen people, a nation in exile from its land. They agreed with their oppressors that they were exiled on account of their sins. However, the conclusions they based on this were different from those of the Christians and Muslims. Whereas Christians and (to a lesser extent) Muslims thought God's punishment of the Jews was a rejection and an abandonment, the Jews themselves understood it as a confirmation of their special 'chosen' status, for 'those whom He loves does the Lord chastise' (Prov. 3: 12). The nations amongst whom they were exiled were like the 'unclean' idolaters of old, whose blandishments and evil influence must at all costs be resisted, until such time as God in His infinite mercy chose to redeem and vindicate His people.

So throughout the Middle Ages, and much later wherever medieval attitudes and social structures persisted, Jews had no 'identity problem'. Their own traditions and the surrounding cultures reinforced one another in drawing sharp lines to set Jews apart from their geographical neighbours.

There was always, of course, a fuzzy margin, but it was a small one, easily decided by traditional rules. What, for instance, was the status of the child of Jewish parents who had, perhaps, been captured by an enemy, brought up as a Christian, and then returned to the Jewish fold? Or if (as may have happened not infrequently) a Jewish woman was raped by a Christian soldier or overlord, what was the status of her child? The rule, dating back at least to Roman times, was clear. The child of a Jewish mother was Jewish, and the child of a Jewish father by a non-Jewish woman was not Jewish unless and until formally converted. This is still the rule amongst most Jewish groups, though recently under the influence of the trend towards gender equality Reform Congregations in the USA have decided that, if either parent is Jewish, the child has full rights in the Jewish community without the need for formal conversion (see pages 104–5).

Who the Jews think they are now

In his work on Jewish identity Michael Meyer, who is professor of Jewish history at the Hebrew Union College Jewish Institute of Religion in Cincinnati, draws on the research of the sociologist Erik H. Erikson for his understanding of identity as

> those totalities of characteristics which individuals believe to constitute their selves. Individual identity is built upon pre-adult identifications with persons close to the child, with their values and behaviour patterns. As the individual becomes an adult these identifications must be integrated not only with one another but with the norms of the society in which the individual will play a role. This latter process represents 'identity formation' . . .

Integration 'with the norms of the society in which the individual will play a role' posed no great problem to the ghetto Jew; the norms and values of the limited society of which he felt himself a part – namely, Jewish society – did not conflict seriously with the norms and values he had acquired from the family that nurtured him. Family, community, and alienation from what lay beyond, combined to circumscribe a clear identity.

However, as Jews gradually gained civil rights in Europe and America and felt themselves citizens of the new nations, or even of the whole world, many of them were exposed to radically different norms and values from those of their childhood. Identity became less clear, less secure.

Meyer claims that three factors contributed to the formation of contemporary Jewish identity – namely, the Enlightenment, anti-Semitism, and the rise of the State of Israel. Let's see how these factors have operated.

The process of enlightenment through which Jews, as they were released from the restrictions of ghetto life, themselves became attuned to modern culture, meant that it became necessary to justify their behaviour by reason, the common basis of discourse, rather than by appeal to any authority, such as that of special Revelation. It also meant that public law should treat all people equally; this brought new civil rights to Jews, but at the same time denied their self-understanding as a 'special people'.

Perhaps no one put this more sharply than Count Clermont-Tonnerre, arguing before the National Assembly of the French Revolutionary government in 1789 for full citizenship of Jews: 'One must refuse everything to the Jews as a nation but one must give them everything as individuals; they must become citizens.' Jews, that is, were to be granted full rights as French citizens; but, in return, they had to abandon their collective distinctiveness and autonomy. Individual choice was to

2. Few leaders contributed more to implementing equal rights in Europe than Napoleon Bonaparte. In 1807 he convened a 'Sanhedrin' of Jewish notables to authorize the commitments he expected as a basis for full citizenship.

replace traditional communal authority, and religion would be a 'private' matter. Though many Jews welcomed this change, which quickly spread through Western and parts of Central Europe, some of the traditionalists opposed it vehemently, sensing a threat to established community authority and to traditional Jewish belief and practice. As Peter Berger has argued, heresy became the common condition in modernity once the plausibility structure of traditional beliefs was called into question and individual choice replaced the unquestioned acceptance of community authority.

Anti-Semitism, according to Meyer, has had an ambiguous effect on Jewish identity. On the one hand, rejection by the outside world has led to the reaffirmation of Jewish identity; movements of religious renewal have often flourished at times of discrimination or persecution, as enlightenment ideals of reason and universality have lost their attractiveness. The Damascus Affair of 1840, when the Jews of that city were accused of ritual murder and threatened with mass execution, stirred protest meetings amongst Jews as far away as the USA, provoked the intervention of Moses Montefiore of England and Adolphe Crémieux of France, and generally rallied Jews to an overall sense of purpose. The Mortara Affair of 1858, when a Jewish child was secretly baptized by a Christian domestic and abducted to a monastery, led directly to the formation in 1859 of the Board of Delegates of American Israelites and in 1860 of the French Alliance Israélite Universelle, which, like the Board of Deputies of British Jews set up in 1760 at the accession of George III, fostered a sense of Jewish solidarity whilst serving the primary cause of the defence of Jewish rights.

On the other hand, anti-Semitism has led Jews to turn away from identification with the Jewish community and to seek to lose or conceal their Jewish identity by merging with the surrounding culture; when Jews perceive that they are devalued by non-Jews, they may feel devalued in their own eyes, somehow internalizing the prejudice against them and falling prey to self-hatred. People change their names, appearance, or habits, to merge as far as possible with the surroundings, so that their Jewishness is not immediately apparent; in the words of Michael Meyer, 'antisemitic prejudice produces a heightened Jewish self-consciousness in the presence of gentiles, which results in the endeavor to keep Jewishness as invisible as possible for as long as possible to the eye of the untrustworthy outsider whose favour is sought'.

Karl Marx's early (1844) essay *On the Jewish Question* is a fascinating example of an intellectual form of Jewish self-hatred. He argues that Judaism is neither religion nor people-hood but the desire for gain; totally ignoring the vast Jewish proletariat of Central and Eastern Europe, he equates Jews, and the Christians whose religion derives from them, with the 'enemy' – namely, bourgeois capitalism. Clearly, he is fleeing his own Jewish identity (he was baptized at the age of 6, but was descended from rabbis on both sides of the family), 'assimilating' to the cultural milieu of the anti-Semitic Feuerbach, whose perverse definition of Judaism he has adopted, and finding refuge from Jewish particularism in socialist universalism.

Amongst Marx's close associates was Moses Hess, slightly older than Marx, and a notable socialist philosopher in his own right. In an essay written early in his career he expressed an attitude towards Judaism similar to that of Feuerbach and Marx. Later, he came to terms with his Jewish identity, which he reaffirmed not in religious terms but in national terms in his seminal work *Rome and Jerusalem*. Hess, that is, had responded to the third determinant of Jewish identity in modern times, the concept of the 'return to Zion'.

The paradox of Zionism (the term was coined only in 1892) lies in its twin origins, religious and secular. In the religious sense, the return to Zion is as old as God's promise to Abraham of the land in which he dwelled, and it has been reinforced throughout the ages through scripture, prayer, and the pious desire to fulfil God's commandments in the holy land. As early as 1782 Elijah of Vilna experienced a 'vision' calling for a return to Zion accompanied by a practical programme of regeneration of the land; whilst in the 1840s a Serbian rabbi, Yehuda Alkalai, undoubtedly influenced by Balkans nationalism, reformulated the ancient dream of the return to Zion in something approaching contemporary political terms.

The chief political thrust, however, came later in the century, from secular socialist Jews, such as Moses Hess, and eventually Theodor Herzl, the 'father of modern Zionism', all of whom rejected traditional religious beliefs. These men had discovered that enlightenment and universalism eroded Jewish identity but nevertheless failed to eliminate anti-Semitism. Their dissatisfaction with universalism echoed that of other nineteenth-century nationalist philosophers and politicians, but they found that it was impossible to commit themselves to local European nationalisms without abandoning their Jewishness. They solved the dilemma by cultivating a specifically Jewish nationalism – namely, Zionism.

Asher Ginzburg, better known by his Hebrew pseudonym Ahad Ha-Am ('one of the people'), consciously attempted to formulate a secular Jewish identity. His 'cultural Zionism' was a call to return to the physical land of Israel and to create there a new Jewish culture which, whilst preserving prophetic morality and Pharisaic balance of body and intellect, would be free of religious dogma and of the restrictions of rabbinic ritual.

The secularist attitude of the leading political Zionists was anathema to the religious leaders, many of whom opposed the movement even whilst nurturing their own dreams of a return to the land in the days of the Messiah. However, religious Zionist movements were eventually formed, and, especially since the Holocaust and the actual establishment of the Jewish state, religious Jews have emigrated to the State of Israel in substantial numbers and given it devoted support. The old conflicts between religious and secular Jews have by no means disappeared, however, but constantly resurface in political debate and social tensions within Israel itself.

Where are Jews to be found?

Before the outbreak of war in 1939 about ten million Jews lived in Europe, five million in the Americas (mainly North), 830,000 in Asia (including Palestine), 600,000 in Africa, and a handful in Oceania, perhaps eighteen million altogether.

Six million (the precise figure is debated) perished. The emigration of Jews from the Jewish cultural heartlands of central Europe, the annihilation of the majority of those who remained, the growth of Jewish settlement in Palestine/Israel, and the expulsion or flight of Jews from many Near Eastern and North African lands, radically altered the demography of the Jewish world. North America and Israel are now home to the main concentrations of Jews, the Jewish population of France has overtaken that of the UK as the largest in Europe outside Russia, and the once thriving communities in Muslim countries such as Egypt, Iran, and Iraq have all but vanished (see Table 1.1).

Contemporary identity

In 1992 a Symposium on Jewish Identities in the New Europe was convened in Oxford. The convenor, social anthropologist Dr Jonathan Webber, warned against simplistic attempts to reduce Jewish identity to superficial characteristics, for these can be misleading. For instance, strictly Orthodox Hasidic Jews may appear by some of their forms of dress to be particularly backward-looking; but they have thrived in the most modern of metropolises such as New York – one reason being that they have found excellent ways of adapting to the demands of participating in the economic structures of modern capitalism.

TABLE 1.1. Countries with populations of at least 10,000 Jews
Many of these figures, especially those for countries of the former Soviet Union, are unreliable

	1000s		*1000s*
Argentina	240	Lithuania	11
Australia	106	Mexico	48
Austria	12	Moldova	65
Belgium	30	Morocco	10
Belorus	10	Panama	10
Brazil	250	Romania	14
Canada	356	Russia	1000
Chile	25	South Africa	90
Czech Republic	10	Spain	12
Denmark	10	Sweden	18
France	600	Switzerland	18
Germany	67	Turkey	25
Holland	25	UK	300
Hungary	100	Ukraine	600
Iran	25	Uruguay	35
Israel	5619	USA	5950
Italy	35	Venezula	20
Latvia	17		

Webber is right to give his warning, but the situation is even more complicated than he suggests. The identity of the individual incorporates many elements, and the Jewish elements are never more than part of a whole. European Jews of today form the Jewish aspects of their identity out of a wide range of options, opened up by study of the sources as well as through contact with other Jews. To some extent the options they actually choose will be influenced by family, community, personal experiences, and the ambient culture. Prominent amongst the considerations affecting identity, once they have acquired the basic knowledge, will be the impact of the Shoah (the Holocaust) and the significance of the State of Israel.

Most of the countries in which Jews live today have broadly secular government and religiously plural societies. This environment creates an unprecedented opportunity for the development of identity, enabling individual Jews to resist authoritarian definitions of 'Jewishness', including those made by Jewish leaders.

Of course, communities and even larger structures must form, and will have 'boundaries' which demand at least a minimum definition of what may or may not be included. Such communities and organizations should seek the maximum latitude in mutual acceptance and recognition. Some will feel insecure if norms are ill-defined, but this is a lesser evil than stifling individual freedom and the holding back the evolution of Judaism.

No one can know what forms Jewish identity will take when the dust has settled on the New Europe and if and when lasting peace comes in Israel and the Middle East. New and distinctive forms of Judaism and Jewish identity will doubtless emerge. Fools may predict what these Judaisms will be; they may be proved wrong, but there is no great harm in that. Knaves, who seek power, will try to impose their own patterns on the future; they will probably fail, and will certainly do great damage in the attempt.

Chapter 2
How did Judaism and Christianity split up?

The story begins

When did Judaism begin? Is it really 'the oldest religion in the world'? Certainly not, if you believe what the experts tell us about the way human beings evolved. Ancient Stone Age people, tens of thousands of years ago, pretty certainly had religious beliefs and ceremonies, as we can tell from the pictures they painted in their caves and the way they buried their dead. Egypt and its temples and religion were already old when Moses was a youth in Pharaoh's palace.

But perhaps you prefer to believe just the simple text of the Bible. In that case, the answer depends on what you mean by 'Judaism'. Do you mean the religion of Abraham (about eighteen centuries BCE), who is claimed to be the ancestor of the Jewish people (and also, incidentally, of the Arabs)?

Or did Judaism start only when Moses received the Ten Commandments at Mount Sinai, some four or five hundred years after Abraham? Or later, when the Hebrew scriptures ('Old Testament') were completed?

There is a big problem with any of these answers. What we recognize nowadays as Judaism differs in many ways from the biblical religion. For instance, Jews don't believe literally in 'an eye for an eye'; and Jewish

How the years are reckoned

Traditional Jews trace history according to the Bible back to Adam and Eve. That gives a date of 3760 BCE for the creation of Adam, which is why the 'Jewish year', still used for religious purposes, is that many years ahead of CE (=AD). For instance, 1998 is AM 5758, and 2000 is 5760 (AM stands for *anno mundi*, or years of the world since Creation).

tradition strongly favours the idea of life after death even though there is nothing clear on the subject in the Hebrew scriptures. So to talk about the Jewish religion as we know it today being three or four thousand years old is quite wrong. The most we can say is that the 'roots' of the Jewish religion – the earliest parts of the Bible – are that old.

When we talk about 'Judaism' in this book we mean much more than those roots, though. We mean 'rabbinic Judaism', the way of life formulated by the rabbis from about the second century onwards, and rooted in the Bible. This 'rabbinic Judaism' is the foundation of all the forms of Judaism that exist today. True, Reform Jews attach far less weight to what the rabbis said than Orthodox Jews do (differences between Orthodox and Reform are described in Chapter 7). But for both Reform and Orthodox Jews rabbinic Judaism is the reference point for their own beliefs and practices.

Some people describe rabbinic Judaism as the religion of the 'dual Torah', for, as well as a written Torah (the Hebrew scriptures), it recognizes an 'oral Torah', or tradition, by which the written is interpreted and supplemented. (You may come across the terms 'written law' and 'oral law', but 'law' is not an accurate translation of 'Torah', which is more like 'way' or 'instruction'.)

Now Christians as well as Jews like to trace their spiritual descent back to Moses, Abraham, and Adam and Eve (with the minor difference that, when Bishop Ussher calculated the creation of Adam and Eve, he made it 4004 BC rather than the Jewish 3760 BC). They claim the Torah – the Hebrew scriptures – as their own. Like Jews, they do not take the Hebrew scriptures in their plain sense. However, they interpret them not in accordance with the 'oral Torah' of the rabbis, but in the light of the New Testament.

But this difference in interpretation did not become clear until the letters of Paul were written. Up to a certain point in time, perhaps in the middle of the first century – the generation after Jesus – there was no dividing line between Judaism and Christianity. Jesus, indeed, never thought of himself as preaching a religion other than Judaism, or Torah; 'Do not think I have come to abolish the Law or the Prophets; I have come not to abolish but to fulfil' (Matt. 5: 17). If you had asked Jesus or any or his disciples what religion they were, they would have replied 'Jewish'.

So why did the two split apart and become two separate, if intimately related, religions? There is a traditional Jewish story about this, and a traditional Christian story.

Traditional Jewish story: Judaism is an ancient religion, received by Moses at Mount Sinai and preserved by the Jewish people unchanged ever since. At some time in the first century, Jesus followed by Paul set up a new religion, borrowing important bits from Judaism, abandoning the commandments, and mixing in some strange and incorrect ideas such as the notion that Jesus was the Messiah or even the 'incarnation' of God.

Traditional Christian story: Judaism is an ancient religion, received by Moses at Mount Sinai and carefully preserved by the Jews ever since. At some time in the first century, Jesus came and 'perfected' this religion, bringing it to its fulfilment. Unfortunately the Jews did not appreciate what had happened, and stubbornly continued with the obsolete form of the religion.

What both versions of the story have in common is that there are two distinct religions, each of which descended fully-fledged from the sky (or was invented) at a particular point in time, the one in the days of Moses, the other in the days of Jesus. Where they differ is in their evaluation of the second event and its relationship with the first. But they agree that Judaism is the 'mother' religion, and Christianity the 'daughter', if (in the Jewish view) an errant one.

The news from the world of scholarship is that both versions are wide of the mark. Judaism did not spring into life fully mature one day around 1400 BCE, nor did Jesus in about the year 30 CE or even Paul a generation later proclaim a Christian creed or catechism like those of the mature Church. Both religions underwent centuries of development before their texts, practices, and beliefs attained their 'traditional' forms. They have coexisted and developed in response to changing circumstances and insights until the present day. Indeed, both Judaism and Christianity are even today reformulating themselves as vigorously as ever in the light of modern knowledge, evolving moral attitudes, and new understanding of the world's problems.

Strange as it may seem, the Talmud and other founding texts of rabbinic Judaism were actually written *later* than the Gospels, which were the founding texts of Christianity. When the Pope recently referred to Jews as the 'elder brother' of Christians he got it wrong; we are both, of course, 'children' of the Hebrew scriptures, but in terms of our defining texts (New Testament, or Talmud) it is Christians who are the 'elder brother'.

Where did Judaism and Christianity come from?

When you visit Israel today you can tour synagogues and churches, as well as Muslim, Druze, Bahai, and other holy places, and savour the range of forms of worship with which the country abounds. If you have a deeper thirst for knowledge and spiritual growth, you can study for a period at one or more of the numerous *yeshivot* or religious seminaries of the different religions and denominations, or sit at the feet of some great teacher who inspires you.

You could have done much the same in the days of Jesus. Many people did. Joseph the son of Mattathias, better known to posterity as the soldier and historian Flavius Josephus, undertook just such a tour as part of his personal spiritual quest as a teenager in the 50s of the first century. Later in life, when he lived in Rome under patronage of the emperor, he recorded his experiences in his autobiography and in his great work on *The Antiquities of the Jews*.

According to Josephus, Jews in the first century were divided into four sects, or 'philosophies'. The Pharisees – the group with whom he associated most strongly – live modestly, he says, in accordance with reason. They respect the elderly, and believe in divine providence, freedom of the will, and personal immortality; they are held in esteem by the people, who are guided by them in prayer and sacrifice. The Sadducees deny life after death, following only the explicit provisions of scripture. The Essenes – many scholars identify them as a sect now known through the Dead Sea Scrolls – ascribe all things to God, and teach the immortality of the soul. They are distinguished by their virtuous mode of life, restrained by excessive purity from sacrificing in the Temple, and share their property in common; they neither marry, nor keep servants. Josephus claims to have spent three years under one of their teachers, Banus, who 'lived in the desert, wore no other clothing than grew upon trees, and had no other food than what grew of its own accord'. The fourth group, with whom Josephus did not associate, he calls the Zealots; they agree in most things with the Pharisees but exceed them in their readiness to die for freedom from all rule save that of God.

Religious life in first-century Palestine was even more varied than Josephus suggests. There were no Muslim, Druze, or Bahai, as you will find in modern Israel. But there were the Samaritans, a Jewish sect with a distinct ethnic identity and a Temple of their own at Mount Gerizim. And there were mystics who claimed esoteric knowledge of the 'heavenly palaces' and the way of ascent to God. There were apocalyptic visionaries, who proclaimed God's judgement and the end of the world. By the time young Josephus embarked on his spiritual journey there must also have been some groups of followers of Jesus, though they don't seem to have attracted his attention. And, in addition to the varieties of Judaism, there were the pagan and 'mystery' cults which were wide-spread in the Roman Empire, and the Zoroastrian religion which was dominant in the East. Josephus shows little interest in these, but was evidently well versed in the Greek culture of his time, especially in history and philosophy.

So in the year 50 Christianity was a minor Jewish sect, and Judaism itself a minority cult within the Roman Empire. With the hindsight of history we know that the little Jesus groups would part from their 'parent' and within a few centuries replace the old pagan cults as the dominant religion of Europe, that the Pharisee 'philosophy' would evolve into rabbinic Judaism, and that, from the seventh century, Islam would carry similar ideas about God and society to much of Africa and Asia.

But just *why* did the followers of Jesus eventually separate themselves from their Jewish brethren? And why did such mutual hatred arise between two religions both of which preached love of one's neighbour?

Why did they split up?

The New Testament Book of The Acts of the Apostles, in chapter 15, has preserved an account of an extraordinary confrontation which took place amongst the leaders of the recently formed Christian sect, probably some time between 50 and 60 CE. By this time Paul, who had previously campaigned vigorously against the followers of Jesus, had experienced his famous vision on the road to Damascus and joined the sect he had previously despised. Together with his friend Barnabas, he returned from Antioch in Syria to canvass support from the Jerusalem leadership for his view that Gentile converts to Christianity need not be circumcised or obey 'the law of Moses'.

The debate was heated. Whilst Paul and Peter (both themselves Jews) argued that relaxing the strict requirements of the law would make it easier for Gentiles to convert, others present felt that full commitment to the Torah and its laws was vital. Eventually James, Jesus' brother, proposed that the burden should not be made too hard, but that Gentiles should at least be required to 'abstain from food polluted by idols, from sexual immorality, from the meat of strangled animals, and from blood' (Acts 15: 20); this compromise, the book relates, was adopted by the gathering, and a letter to that effect dispatched to Antioch, Syria, and Cilicia.

But we know from elsewhere that the compromise was not endorsed by all parties. On the one hand, Paul himself repeatedly declared the 'law of Moses' (of which the strangled meat and other prohibitions are part) as obsolete; on the other hand, the 'Jewish Christians', who observed fully the 'Torah of Moses', and who probably included James in their number, flourished for some time and, despite marginalization by Pauline Christians, continued in their distinct identity for centuries. We can only speculate as to their version of the Jerusalem meeting, for it was the followers of Paul who wrote the New Testament and so shaped later Christianity. History is written by the victors, and in such a way as to justify their interpretation of events.

Whatever the truth about the meeting in Jerusalem, the account in the Acts highlights some of the factors which sundered apart Jews and Christians. Obviously, there was disagreement about whether certain laws of the Torah were still applicable. This was not just a quarrel about doctrine, but a serious social rift. A nation, or a religious community, expresses its identity through its laws, customs, and rituals. Minor disagreements or individual lapses can sometimes be contained, but a collective abandonment of the laws is likely to be perceived as a rejection of identity. Paul's plan to absorb Gentiles into the community of believers – to 'graft the wild olive' on to the root of the nourishing tree, as he put it (Rom. 11: 17) – proved incompatible with the way that Jews understood themselves as a people or a community. Instead of uniting 'Jew and Gentile', it generated two conflicting groups each of which claimed to be the 'true Israel'.

It is also clear from Acts that by the year 50 the followers of Jesus had constituted themselves into a distinctive group which opposed and were opposed by the Jewish religious leadership in Jerusalem. Other 'opposition' groups – the Dead Sea sects, for instance – fell out with the Jerusalem leadership without becoming a new religion. Why was this one different?

The claim that Jesus was the promised Messiah is not in itself enough to explain the rift; such claims had been made on behalf of others without such far-reaching consequences. Still, there was something unusual in a group proclaiming as Messiah someone known to be dead, and something paradoxical in making the claim that the Messiah had come when it was obvious to everyone that the yoke of Rome lay heavier than ever on the people and that the promised era of peace was not in sight.

Not one cause alone, but a unique combination of doctrinal differences, social factors, and external events, set Christianity on its course as a religion distinct from Judaism though closely related to it. The destruction of the Jerusalem Temple by the Romans in 70 hardened the division. Christians interpreted this event as God's rejection of the Jews and the confirmation of their own views. Jews interpreted it as just punishment for their sins but not rejection; it was like a father chastising his children. On a more down-to-earth level, when, following the sack of Jerusalem, the Emperor Vespasian imposed a *fiscus Judaicus* – a special tax on all Jews – there was strong material motivation to demonstrate distance from Judaism and allegiance to Rome.

Certainly, after 70 there was no going back. Doctrines hardened on both sides as Christians and Jews defined themselves in opposition to one another, and Christians developed the 'teaching of contempt' about Jews that was to cause so much misery and bloodshed until, detached from its Christian setting, it culminated in the Holocaust.

How did they both define themselves?

After 70 both Jews and Christians got on with the great work of self-definition. What did they believe about this world and the next? How should their communities be set up? What forms of prayer and what special days and what ceremonies should they adopt?

Because Jesus Christ was so central for them, Christians expended much energy in defining belief. The concept of the Trinity was constantly debated, and those who disagreed with the prevailing view were often vilified as heretics and persecuted. Since Jews rejected Christian claims for Jesus, they came in for special obloquy as 'enemies of Christ'. Judaism was castigated as an obsolete and discredited religion. The Fathers of the Christian Church, for all their preaching of love, openly expressed a hatred of Jews and Judaism which added a cosmic dimension to the anti-Semitism occasionally found in pagan classical authors; the Jews had 'killed Christ'.

3. Symbolic statues of the Church and the Synagogue, at the Liebfrauenkirche, Trier, Germany. The Church stands proud and upright; the Synagogue stands blindfold, humble, crown falling from her head, sceptre broken, and the Tablets of Stone upside down.

Divided by a Common Scripture

The Church father Origen, who died in 254, lived in Caesarea, Palestine; amongst his Jewish contemporaries was Rabbi Yohanan of Tiberias. Both commented on the biblical Song of Songs; both interpreted it as allegory. For Origen, it stands for God, or Christ, and his 'bride', the Church; for Yohanan, it is an allegory of the love between God and his people Israel.

An American scholar, Reuben Kimelman, has analysed their comments and found five consistent differences between them, corresponding to five major issues which divided Christians and Jews:

1. Origen writes of a Covenant *mediated* by Moses between God and Israel; that is, an *indirect* contact between the two, contrasted with the *direct* presence of Christ. Yohanan, on the other hand, refers to the Covenant as *negotiated* by Moses, hence received by Israel *direct* from God, as 'the kisses of his mouth' (S. of S. 1: 2). Yohanan emphasizes the closeness and love between God and Israel, whereas Origen sets a distance between them.
2. According to Origen the Hebrew scripture was 'completed', or 'superseded', by the New Testament. According to Yohanan scripture is 'completed' by the 'oral Torah', the interpretative tradition of the rabbis.
3. To Origen, Christ is the central figure, replacing Abraham, and completing the reversal of Adam's sin. To Yohanan, Abraham remains in place, and Torah is the 'antidote' to sin.
4. To Origen, Jerusalem is a symbol, a 'heavenly city'. To Yohanan, the earthly Jerusalem retains its status as the link between heaven and earth, the place where God's presence will again be manifest.

> **5. Origen sees the sufferings of Israel as the proof of its repudiation by God; Yohanan accepts the suffering as the loving chastisement and discipline of a forgiving father.**

The rabbis were less concerned with the precise definition of correct belief. Taking as axiomatic belief in God, his Revelation through Torah, and his 'election' (choice) of Israel, they defined Judaism in terms of the *mitzvot*, or divine commandments, ranging from 'love your neighbour as yourself' (Lev. 19: 18) and 'love the Lord your God' (Deut. 6: 5) to minutiae of religious ritual.

The Jewish sources are reticent about Christianity. On the whole, the rabbis tended to act as if Christianity did not exist, and simply to get on with the job of expounding the Torah and its laws. You have to read between the lines of their writings to discover whether they are making any response at all to Christian claims.

No one is sure to what extent Jewish and Christian teachers in the early centuries had meaningful direct contact with one another, or first-hand knowledge of each other's writings. The Christian Justin Martyr, active in Rome from about 140 to 170, composed a *Dialogue with Trypho* which purports to be the record of a dispute with a Jewish sage, but, despite the efforts of scholars, it is hard to equate Trypho's views with those of known Jewish sources.

There must have been contacts, for instance, in Caesarea, Palestine, in the third century, where there were both Jewish and Christian communities (see Box), or in Antioch, Syria, where St John Chrysostom preached his anti-Jewish diatribes in the following century, perhaps because he feared Christians were being attracted to the Synagogue. And, of course, there were individuals who 'changed sides' in one direction or another, and women who mediated ideas but whose contribution was not recorded.

It would be unfair to judge early Christianity and Judaism by their attitudes to one another, for in neither case was this at the top of their agenda. Yet the heritage of mistrust and mutual animosity still burdens us, and it is only in recent times that Christians have begun to come to terms with this dark side of their faith and the misery and suffering it has caused. Particularly since the Holocaust, though the foundations were laid earlier, Christian–Jewish dialogue has opened up avenues of reconciliation and led to revision of traditional Christian attitudes and theology with regard to Jews and Judaism.

Chapter 3
How did Judaism develop?

On 24 June 1985 the Vatican Commission for Religious Relations with the Jews issued a document with the unmemorable title 'Notes on the correct way to present the Jews and Judaism in preaching and catechesis in the Roman Catholic Church'. It contained these memorable words: 'We must remind ourselves how the permanence of Israel is accompanied by a continuous spiritual fecundity, in the rabbinical period, in the Middle Ages and in modern times, taking its start from a patrimony which we long shared', to which it added Pope John Paul II's observation that 'the faith and religious life of the Jewish people as they are professed and practised still today, can greatly help us to understand better certain aspects of the life of the Church'.

At last, after nineteen centuries, the truth has been allowed to surface. It is not only the Church which has suppressed it; the 'continuous spiritual fecundity' has too often been obscured by Jewish historians, who have been so concerned to demonstrate the sufferings and the martyrdoms of the Jewish people that they have allowed the record of persecution to overshadow the other side of the story, the spiritual and intellectual creativity of the Jews 'in the rabbinical period, in the Middle Ages and in modern times'.

It is remarkable that a people subjected to harassment, persecution and exile, and frequently deprived of normal means of livelihood and denied access to the great foundations of learning, should have produced a culture of such great vitality. The nine men and two women whose stories follow each illustrate some spiritual, intellectual or social value in Jewish life. Others might have been chosen – Gamaliel II, for instance, architect of the liturgy, or Yehuda Halevi, sublime poet and philosopher, or Glückel of Hamlin, whose Yiddish diary reveals the intimate spiritual concerns of a seventeenth-century mother. Or a hundred others. Any choice would be arbitrary.

Judah ha-Nasi – scholar, saint, leader

If anyone epitomizes rabbinic Judaism at the time of its formation, it is Judah, the Nasi ('prince') or Patriarch of the Jewish community round about the year 200. So great was the regard in which he was held by his disciples that they refer to him simply as 'rabbi' ('teacher'), or 'our holy rabbi', without any name being used; holiness, humility, and the fear of sin are the values with which he is associated. 'At Rabbi's death, humility and the fear of sin ceased', was the lament of his disciple Hiyya.

He was no cloistered saint, but an outstanding religious and political leader. He lived through much of his life in Galilee, and founded academies there at Bet Shearim and Sepphoris; visitors to Israel may still see remains of the synagogues in those towns with their partly preserved mosaics, as well as graves said to be those of Rabbi and his colleagues.

The decades before his birth had been disastrous for Judea. In 70, the Romans had crushed the First Revolt and destroyed the Jerusalem Temple; in 135, approximately the year of Judah's birth, the Emperor Hadrian had finally crushed the Second (Bar Kochba) Revolt, with huge loss of life and subsequent persecutions.

But by the time Judah rose to be Patriarch of Judea, under the reign of the Antonine emperor Marcus Aurelius, relations with Rome had eased.

Judah, a man of peace, and evidently at home in Roman culture, did what he could to consolidate relations with the occupying power. The Talmud records many anecdotes of the cordial relations between 'Rabbi and Antoninus'; there could be some historical foundation for such meetings in the visits to Palestine of the emperors Marcus Aurelius in 175 and Septimius Severus in 200.

In fact, the legendary 'conversations of Rabbi and Antoninus' suggest rather more than a superficial relationship. The Stoic philosophy to which Marcus Aurelius was devoted left its mark on Jewish as well as Christian ethics. Moreover, it is surely no coincidence that Rabbi's great undertaking, the creation of a comprehensive Jewish Code of Law, was formulated at the time when Gaius and Ulpian were laying foundations for the systematization of Roman Law.

The Code created under Rabbi's direction was called the Mishna ('teaching', or 'repetition'), and complements scripture as the foundation document of rabbinic Judaism. Its six volumes, the earliest systematic statement of Judaism, are far more than a legal code, for they encompass values as well as laws, ethical principles as well as rules, and are concerned with worship and purity as much as with civil and criminal jurisdiction and personal status. They were quickly accepted as authoritative and formed the basis on which the Talmud was developed (see Table 3.1).

Numerous tales are related of the personal life of Rabbi. One of the best known tells of his concern for animals. A calf was about to be slaughtered. It ran to Rabbi, nestled its head in his robe and whimpered. He said to it, 'Go! This is what you were created for!' As he did not show it mercy, heaven decreed suffering upon him. One day Rabbi's housekeeper was sweeping. She came across some young weasels and threw them and swept them out; he said, 'Let them alone! Is it not written, "His mercies extend to all His creatures" ' (Ps. 145: 9)? Heaven decreed, 'Since he is merciful, let us show him mercy'.

Table 3.1. The six orders of the Mishna

1. Seeds	Blessings and prayers Agricultural laws, such as the tithes and the sabbatical year
2. Appointed times	Sabbath and festivals
3. Women	Marriage and divorce; vows
4. Damages	Civil law The constitution of courts Legal procedure Ethics of the Fathers
5. Holy things	Temple sacrifices Permitted and forbidden foods
6. Purities	Purification through washing and bathing Degrees of ritual purity Things defined as 'unclean'

Stamaim – the nameless ones

(This is pronounced like 'stammer' + 'im', with the accent on 'im', the Hebrew masculine plural ending.) Stamaim is not the name of some saintly individual who became the subject of story and legend. It is not the name of anyone at all. It means 'the anonymous men', and scholars now use the term to refer to a group of men (although we do not know who they were, we are fairly certain that there were no women amongst them) who lived in Babylonia round about the sixth century and edited the text of the Talmud.

But we jump ahead of our story, for before the Stamaim there were three other groups, all ending with 'im' (accent on the last syllable), whose names we *do* know. The Tannaim were the rabbis whose names occur in the Mishna, right up to Judah the Patriarch himself, and their contemporaries. They were followed by the Amoraim, who discussed

> ## Talmud = Mishna + Gemara
>
> **There are two Talmudim:**
>
> **• The Talmud of the Land of Israel (also known as the Palestinian Talmud, or Yerushalmi, i.e. Talmud of Jerusalem), completed about 450 CE**
>
> **• The Babylonian Talmud, completed about 550 CE. This is larger than the Yerushalmi, and considered to have greater authority.**

their views, harmonizing apparent contradictions, deciding conflicts, extending the law, and applying it in new circumstances. Then came the Seboraim, who asked a lot of 'why' and 'what is the underlying concept' questions about the opinions of their predecessors – questions designed to understand rather than to challenge them, for so great was their respect for the earlier rabbis that they did not dare disagree with their rulings. The discussions of the Amoraim and Seboraim were recorded, selected, and edited in the Talmud, later known as Gemara (= 'learning', 'completion'), a vast Aramaic text which takes the form of a commentary on the Mishna.

The term 'Talmud' is now often used for Mishna and Gemara together. The Talmud really is the heart of Judaism. After the Bible, it is the book most studied by Jews, and the Bible itself is read in its light. But for all its importance, and despite the fact that it contains many hundreds of names (of Tannaim, Amoraim, and Seboraim), we do not know who actually put it all together and edited it. These editors told anecdotes, they made decisions, they knew how to present abstruse legal arguments in dramatic literary structures that would hold the students' attention; they collected tales and observations that would capture the imagination, often scaling the heights of moral and spiritual discernment, though occasionally betraying the prejudices of their age;

but they did not sign their names on any document. Probably they thought they were merely reproducing the words of the great masters of previous generations, and would have been genuinely shocked at the notion that they were themselves contributing anything original.

Every generation has its Stamaim, the anonymous scholars and humble practitioners who actually shape and implement the untidy inspirations of the wise 'named ones' who came before them.

Kahina Dahiya bint Thabbita ibn Tifan – warrior

Before the meteoric spread of Islam outwards from the Arabian peninsula towards the end of the seventh century many of the tribes of North Africa had been converted to Judaism or Christianity. Some no doubt accepted Islam willingly, but others opposed the conquering Arab armies and their new religion.

In what is now south-east Algeria was a powerful Berber tribe, the Jerawa, which had become Jewish. With Kahina at their head the Jerawa defeated the Arab army of Hasan ibn al Nuʿman, holding up the Arab invasion of Africa and preventing its further progress into Spain. Kahina, however, was betrayed, and killed in battle around the year 700.

What sort of Judaism this fearsome Berber princess might have practised, and indeed whether she was in fact Jewish, it is impossible to say with certainty. But her story, which is repeated with embellishments by several Arab chroniclers, raises one of the big 'what if's' of history. What if she had consolidated her victory over Hasan and marched either back across North Africa towards Arabia or northwards into Spain? Would Europe and the Near East nevertheless have been divided into rival Christian and Muslim empires, or would our history have been radically different?

Whatever might have been, the reality which came about partly through Kahina's defeat was that of two constantly warring 'big powers', with Jews reduced to subservience throughout their domains.

Saadia Gaon (882–942) – philosopher

In 635 insurgent Arab tribes destroyed the Sassanid Empire in what is now Iraq, bringing with them the new religion of Islam. By this time the Babylonian Talmud was complete, and its contents were studied at the great academies of Sura and Pumbedita by the Euphrates. Each of these rival academies, the Oxford and Cambridge of Jewish Babylonia, had at its head a rabbi known by the title 'Gaon' ('illustrious'), whose responsibilities included administration of the law as well as spiritual direction and teaching. The lay head of this self-governing community was the Resh Galuta, or 'Head of the Exile', who claimed descent from king David and handled relations between the Jews and the Caliphate.

Jewish life flourished, at least intermittently, under the Abbasid caliphs of Baghdad (750–1258), and the Geonim (note once again the Hebrew masculine plural 'im') were called upon to answer queries from all parts of the Jewish world from Provence to Yemen. Frequently their replies were copied and preserved; in accordance with Jewish custom, such correspondence was eventually thrown away into a 'geniza' (pronounce 'g'neezah'), or repository for holy writings. Much of the contents of the Cairo geniza were brought about a century ago to the University Library at Cambridge, England; do not miss the opportunity to see an exhibition there or to hear a talk about this extraordinary collection.

Saadia ben Joseph was born in the village of Dilaz in the Fayyum (which is why he is known as al-Fayyumi) in Upper Egypt. He left Egypt in about 905 and for several years wandered between Palestine, Aleppo (Syria), and Baghdad. In 928, despite his foreign origin, he was appointed Gaon of the academy of Sura. He achieved note as philosopher, scientist, Talmudist, author, commentator, grammarian, translator, educator, and religious leader, but not without controversy in virtually every field.

Saadia wrote his great philosophical classic, *The Book of Doctrines and Beliefs*, during the years he was suspended from office and placed under arrest by David ben Zaccai, the 'Head of the Exile', because he refused ben Zaccai's order to sign a document he considered unjust. Saadia, who was well versed in Islamic *kalam* (theology) and *falasifa* (Aristotelian philosophy), believed in the supremacy of reason, including the moral sense. He held that God's ways and his revelation accord with reason not because God *defines* reason and justice; rather, God, in total freedom, acts and reveals himself in accordance with absolute standards of reason and justice. To put it another way, God does what is rational or just because it is a priori rational or just; it is not rational or just *because* God does it.

Saadia's epistemology derives from his emphasis on the supremacy of reason. All knowledge comes to us through sense experience, logical inference from sense experience, or an innate moral sense which is itself a form of 'rationality'. How do we know, for instance, that someone who claims God sent him to tell us to steal or fornicate, or that the Torah is no longer applicable, and bolsters his claim to prophecy by apparently performing miracles, is not to be believed? It is because reason tells us to act morally and that truth is preferable to falsehood.

The Torah itself conforms entirely with reason. Saadia divides the commandments into 'rational' and 'heard' – that is, those known by reason and those known primarily through revelation. Even though not all the commandments have obvious reasons, we can make an 'educated guess' at the reasons for the more obscure ones. But if the Torah conforms entirely with reason, why did God send messengers (prophets) to give it to us? Revelation was a special act of God's compassion, so that knowledge of Torah should be clear and available to all, even those who lacked philosophical ability or time to discover it for themselves.

Saadia was acquainted with the writings of other sects and religions. His refutations of Karaism (a Jewish sect which rejects the rabbinic tradition), as well as of Islam, Christianity, and 'dualist' religion, are well informed and based on rational arguments.

What's in a name?

Many famous people are known in Hebrew not by their actual name but by an abbreviation made from the initial consonants of their title and name.

So, Rabbi Shlomo Itzchaki (Solomon son of Isaac) is known as Rashi; Rabbi Moses ben Maimon (Maimonides) is known as Rambam.

Though he edited the Hebrew prayer book and composed some Hebrew liturgical poems, he wrote mostly in Arabic. An outstanding biblical scholar, he wrote numerous commentaries, and produced an Arabic translation of scripture used to this day.

Rashi (1040–1105) – commentator

Today, at Worms, in western Germany on the banks of the Rhine, you can visit Rashi's synagogue (reconstructed after having been demolished by the Nazis), see his chair, and explore a whole museum dedicated to him. You begin to feel his benign, fatherly presence, guiding you. It is a feeling familiar to generations of Jews who now, as ever, are introduced to both scripture and Talmud through his commentaries. He is *the* commentator, *par excellence*, on the Talmud. His gift of anticipating the reader's questions and of brief, clear explanation, make you feel that he is in the room with you, expounding the text, guarding you firmly but gently from error.

Most children get to know him – and the Bible and the Hebrew language – through his ever-popular Hebrew commentary on the Five Books of Moses. The enduring appeal perhaps comes from the inimitable style in which he presents homilies, legends, and explanations of the commandments, selected from Talmud and Midrash. Yet to scholars Rashi appears as a master of biblical language, who drew upon the work of generations of grammarians and lexicographers who had preceded him to make a clear distinction between what the Bible actually said (the *peshat*, or 'plain meaning'), and what was read into it (*derash*, homiletics) by tradition. Part of the homeliness, the sense of an actual teacher being present, when one reads Rashi, is the way he translates difficult terms into Old French, so that one can almost hear him talking to those around him.

The Commentary on the Pentateuch was the first dated printed Hebrew book (Reggio 1475), and has elicited more than 200 supercommentaries. It was often translated into Latin. Rashi's Bible commentaries exerted great influence on Nicholas de Lyra, and through him on Luther and other Christian Hebraists and the Reformation.

Rashi may have studied at Worms, but his home was Troyes, the capital of Champagne (now north-eastern France). He did not support himself as a rabbi, but cultivated vineyards; had he thought of putting bubbles in his wine, he would have been the first ever producer of authentic champagne!

Details of his life are sparse. He had three daughters, two of whom, Miriam and Yocheved, married his pupils; the name of the third is unknown. In about 1070 he founded a school which attracted many disciples, and which in the course of time and under the guidance of his sons-in-law and grandsons became the leading Ashkenazi academy of Torah.

His last years were saddened by the First Crusade (1095/6), in which he lost relatives and friends. The Selihot (penitential poems) he composed then manifest a spirit of sadness and the tender love of God; some of them remain in the liturgy.

Legends – about his descent from King David, his extensive travels, his meeting with Maimonides (who was not born until 1138!) – make up for the lack of verifiable facts. One legend says that his father cast into the sea a valuable gem coveted by Christians as an ornament for a religious statue, whereupon a mysterious voice announced he would have a learned son. Another tells how his mother was imperilled in a narrow street in Worms during her pregnancy, and a niche (still pointed out to tourists) miraculously opened to secrete her in a wall. Yet another relates that he foretold to Godfrey de Bouillon that the latter, setting off for the Crusade, would reign over Jerusalem for three days then be defeated and return home with three horses.

Abraham Ibn Ezra (1089–1164) – poet

Born in Toledo, Ibn Ezra achieved distinction as poet, grammarian, physician, philosopher, astrologer, and bible commentator. Of a critical turn of mind, he let drop a hint that there might be some doubt as to the Mosaic authorship of the Pentateuch; the hint was picked up six centuries later by Spinoza and led to modern Bible criticism. Though a confirmed astrologer, he was one of the few of his time who rejected belief in demons.

Ibn Ezra left Spain in 1140 and travelled through Italy, North Africa, and the Near East, and to Western Europe including France and England. In London he composed his main philosophical work, *Foundation of the Fear of God*, in which he expounds the Neoplatonic philosophy which features prominently in his biblical commentaries. The succinct and combative style of the commentaries won them lasting popularity; their influence on Christian Hebraism at the Renaissance was second only to that of Rashi.

Ibn Ezra won the friendship and esteem of scholars, but regarded his personal life ruefully, whether because of his 'exile' from Spain, or because of the loss of four of his children and the temporary conversion of the surviving son to Islam. He had a wry sense of humour; in an epigrammatic poem he laments:

> The sphere and the fixed constellations
> Strayed in their paths when I was born;
> If candles were my business
> The sun would not turn dark until I died . . .
> If I were to trade in shrouds
> No one would die as long as I lived!

Moses Maimonides (Rambam) (1138–1204) – philosopher, codifier, and physician

'The great eagle', as he was admiringly referred to in later centuries, was born in Cordoba, in Muslim Andalusia (Spain), where in recent times his memory has become a source of local pride and tourist income. In Jewish circles, he is generally known as Rambam, from the initial letters of his name (see box p. 39).

In 1148 Cordoba was taken by the Almohades, who not only suppressed other Islamic groups who did not share their puritanical attitude, but destroyed synagogues and offered Jews the choice of apostasy or death. The family of Maimon fled to Fez (Morocco), where they lived for a few years; Rambam's sensitive *Epistle on Apostasy*, composed in about 1160, evinces great sympathy with and tolerance for those who under duress had conformed outwardly to Islam. In 1165, after failing in their attempt to settle in Crusader Palestine, the family found rest in Egypt, first in Alexandria and eventually in Fostat, old Cairo, under the new Ayyubid dynasty of Saladin.

Rambam devoted himself to studies and writing. By the 1170s he was regarded as Nagid (leader) of the Jews of Cairo, but it remains unclear whether he held an official position. When his brother David, whose commercial activities supported the family, perished at sea, Moses turned to the practice of medicine to support himself and his dependents, becoming private physician to Saladin's vizier Alfadhel. His advice and opinions were sought all over the Jewish world, from Provence to Yemen to Baghdad, and much of his correspondence has been preserved, some of it in the Cairo *geniza* (above, p. 37). He died in Fostat on 13 December 1204 and was mourned by Muslims as well as Jews. He was buried in Tiberias (Palestine).

His *Mishneh Torah*, in Hebrew, is a systematic digest of the whole range of Jewish law, incorporating not only ritual and liturgical matters, and the civil and criminal codes, but regulations on agriculture in the Land of Israel and on Temple building and procedures and ritual purity. Its most remarkable feature is the way he expounds *halakha* in terms of his ethical and philosophical convictions, for instance by interpreting the commandment to love God as including a call to engage in natural science and comprehend the wonders of creation; the short sections on cosmology and medicine are masterpieces of what nowadays would be thought of as popular science writing. He rejects rabbinic laws he considers to be based on superstition, or on belief in demons and magic, and is particularly outspoken in his rejection of astrology.

His philosophical masterpiece is the Judaeo-Arabic *Guide for the Perplexed*, in which like Saadia before him, or the Muslim philosophers Alfarabi and Avicenna to whom he was greatly indebted, he harmonizes religious tradition with philosophy, in his case principally the philosophy of Aristotle. The *Guide* influenced not only Jewish thought, but in Latin translation Christian theologians such as Thomas Aquinas. It aroused controversy in traditional circles even in his own time. Still today the Orthodox, who venerate his *Mishneh Torah* as the pinnacle of halakhic writing, are puzzled by many of the doctrines in the *Guide*; they either ignore it, or read mystical interpretations into it which would have alarmed its author.

Maimonides was one of the first to attempt to formulate a Jewish creed, perhaps because of the need to draw clear lines in the face of Muslim and Christian attempts to convert Jews. His 'thirteen principles of the faith', elaborated in his early Commentary on the Mishna, are listed in Appendix A on p. 136.

Abraham Abulafia (1240–c.1300?) – ecstatic mystic

In 1280, shortly before the Jewish New Year, Abraham Abulafia, prompted by a 'voice', went to Rome to convert Pope Nicholas III. Nicholas was not amused, and gave orders to burn him at the stake. Abulafia, apparently undisturbed, set off for Suriano, where on 22 August he received the news that the pope had died the previous night of an apoplectic fit. On his return to Rome he was imprisoned for a month, but then released.

What sort of Jew, in the thirteenth century, would consider the pope fair game for conversion? Perhaps only one who thought of himself as a prophet. Abulafia, who was born in Saragossa (Spain), led a restless, some might say wild, life. At the age of 18 he journeyed to Acre (Palestine), in the hope of going on to find the legendary river Sambatyon, which roared in torrents throughout the week and rested on the Sabbath (he didn't find it, nor has anyone else since). He then embarked on intensive study, first of the philosophy of Maimonides (too rational), then of the esoteric Kabbala, which was rather more to his taste. Back in Spain in his early thirties he received visions, intensified his mystical study and speculation, and concluded that mastery of the divine names plus rites and ascetic practices were the key to becoming a prophet. He left Spain again, and in 1279 in Patras (Greece) wrote his first prophetic book. He called his method 'prophetic kabbala', and looked down on the 'common' kabbala of the ten sefirot (divine emanations) as a preliminary and inferior grade of knowledge, speculative rather than actually effective.

Not surprisingly, he created disturbances wherever he went. In Sicily he appeared as prophet and Messiah, a fact we glean from a strongly worded letter by Rabbi Solomon ben Adret of Barcelona to the people of Palermo denouncing him. Because of the attacks by ben Adret and others, ecstatic kabbala as taught by Abulafia vanished from Spain after 1280, finding a home in Islamic lands, where it accorded well with Sufi mysticism. Abulafia was all but forgotten, and only now are scholars piecing together his philosophy from unpublished manuscripts strewn through the libraries of Europe.

Moderns like him more than his contemporaries or immediate successors did, perhaps because they don't have to put up with his excesses. 'Before his vision stood the ideal of a unity of faith, the realization of which he strove to bring about.' Abulafia addressed the enlightened, though not the common herd, amongst Christians as well as Jews. His concept of the essential unity of the mystical way, transcending doctrinal differences, is rare in pre-modern Judaism, though appealing today. And modern students of the kabbala have accepted Abulafia's division of the subject. The 'theosophical-theurgic', such as that of the ten sefirot, centres on God and has two aspects; the theoretical understanding of the divine, and the bringing of harmony into the divine realm itself. Ecstatic kabbala, of which Abulafia is himself the principal advocate, centres on the human; it finds supreme value in the mystical experience of the individual, but is not concerned about the effect of this on the inner harmony of the deity.

Graçia Nasi (*c.*1510–*c.*1569) – benefactress

At Ash Wednesday in 1391 a fearful outbreak of violence took place against the Jews in Seville. Many were murdered, others were forced to accept baptism. The Golden Age of Spanish Jewry had commenced its decline into oppression, persecution, and expulsion.

Some of the forced converts from 1391 onwards came to accept Christianity. Others secretly cherished Judaism. Many rose to occupy high places in the Church, as bishops and cardinals. The Inquisition, set up to ferret out Christian heresy, was invited to assess the sincerity of the 'New Christians', as these *conversos* were eventually called (some people still use the term *marranos*, from a Castilian word for 'pig'; this should be avoided). Denunciations were easy, and often enough true; confessions and further accusations were extracted by torture, and conviction led to burning at the stake. (The Church still claims it did not burn anyone at the stake. This is true. It tortured victims, often in public, then handed them to the temporal authorities for strangling and burning.)

On the day before Columbus (possibly himself a secret Jew, and certainly indebted to Jewish science and finance for his epic voyage) set sail for 'India', the shorter but more perilous voyages began of the Jews expelled from Spain by Ferdinand and Isabella despite the eloquent pleas of their Jewish chancellor, the great Don Isaac Abravanel (an event described graphically in his own Bible commentary). Some were welcomed to Portugal, to be expelled a few years later in horrific circumstances, their children being wrenched from them and subjected to forced baptism.

In 1536 a papal brief ordered the Inquisition into Portugal. Amongst those who escaped at that time to the less oppressive regime of Antwerp was a wealthy young widow called Beatriz de Luna, whose husband, Diogo Francisco, had amassed a fortune through the spice trade. Like other 'New Christians' her destination of choice was Turkey, but travel to a non-Christian country was not permitted. Had she openly declared her intention, it would have been tantamount to professing Judaism, which even in Antwerp could have led to denunciation, death

4. Medal struck about 1553 in honour of Doña Graçia Nasi, by Pastorino de' Pastorini of Ferrara.

at the stake, and the confiscation of all the family's property. Instead she built up the family business and its international connections and did everything in her power, using trustworthy agents throughout Europe and even in Turkey itself, to help others escape from Portugal and the Inquisition and find their way at least to England or the Netherlands and ultimately to a safe haven where they might proclaim their true faith.

Towards the end of 1544 she moved to Venice, still in Christian guise. In a dramatic development from a family quarrel she was denounced by her sister (later a staunch Jewess) as a Judaizer and imprisoned, only being released when the Sublime Porte intervened on her behalf and the matter threatened to destabilize international relations. At last, in Ferrara in 1550, under the protection of the Duke Ercole II of the House of Este, she was able to throw off the disguise and exchange her 'Marrano' name of Beatriz de Luna for the more Jewish Graçia (= Hannah) of the House of Nasi. The last few years of her life were spent in Constantinople, where she lived in a splendid residence in Galata, overlooking the Bosporus, and continued without interruption her great work of rescuing Iberian Jewry and looking after the poor and destitute. 'Eighty mendicants', we are told, 'sat down each day at her table, and blessed her name'. Nor was she remiss in supporting scholars, publication, and institutes of learning and prayer; already in Ferrara she had supported such ventures as the publication of the 'Ferrara Bible' in Hebrew and Spanish.

Her contemporary Samuel Usque, in his *Consolation for the Tribulations of Israel*, devotes an entire section to Doña Graçia's work in organizing the flight of the refugees from Portugal. His panegyric is by no means excessive:

> Who has seen, as you [people of Israel] have, the Divine mercy reveal itself in human guise, as He has shown and continues to show you for your succour? Who has seen revived the intrinsic piety of Miriam, offering her life to save her brethren? The great prudence of Deborah, in governing her people? That infinite virtue and great sanctity of Esther, in helping those who are persecuted? The much praised strength of the most chaste and magnanimous widow Judith, in delivering those hemmed in by travail? . . . It is she (Doña Graçia Nasi) who aided you with motherly love and heavenly liberality in the dangerous and urgent necessities which you experienced . . . Succouring the multitude of necessitous and miserable poor, refusing no favour even to those who were her enemies . . . In such wise, with her golden arm and heavenly grasp, she raised most of those of this people from the depths of this and

other infinite travail in which they were kept enthralled in Europe by poverty and sin; she brings them to safe lands and does not cease to guide them, and gathers them to the obedience and precepts of their God of old . . . (translated by Cecil Roth)

Baal Shem Tov (c.1700–1760) – Hasidism

Appearances can be deceptive. When you see on your television screen, or on the streets of Brooklyn, London, or Jerusalem, bearded, ear-locked, tieless Jewish men in heavy black hats and frock coats, you might well imagine that they represent the most conservative, traditional wing of Judaism. But the clothes themselves should give you the clue that all is not as it seems. Moses didn't dress like that, nor did Judah the Patriarch or Saadia or Rashi. The clothes, like the popular music of the Hasidic Klezmer bands, would not have been out of place in eighteenth-century Ukraine or Poland, and that is indeed the home of Hasidism, which was perceived at its origins as a revolutionary, populist movement that threatened to undermine established order and tradition.

Baal Shem Tov (BESHT)

The title *Baal Shem* (Hebrew – 'master of the Name') was given to healers who were thought to achieve miraculous cures by writing or uttering letters of the divine names. *Tov* means 'good'. *Baal Shem Tov* may be abbreviated as 'BESHT'.

The founder of the movement was Israel ben Eliezer, more often known as the Baal Shem Tov (see Box) from his reputation as an itinerant healer. Born to aged parents in Podolia (Ukraine), he was orphaned early and grew up in poverty. In his early years he showed no special talents, but was entrusted to gather and bring the children to the Heder, or religious school; even at that stage he would wander into the forests of the Carpathian mountains to meditate amongst nature. He married, and for a time eked out a living as an innkeeper.

Only in his thirties – according to the standard hagiography 'In Praise of the Besht' – did he reveal himself to close disciples as a profound scholar and mystic. As a charismatic healer he attracted a wide following, and inspired people to worship God and keep His commandments in simplicity and with joy. Rather like Jesus he scandalized the orthodox by chatting with women and simple people and by his apparent indifference to the finer points of law.

The movement was carried through Ukraine and Poland by itinerant preachers such as the Maggid of Miedyrzecz, and very soon Hasidim were singing and dancing and even drinking in the synagogues to the dismay of the authorities, and displacing the traditional rabbis with their own 'rebbes'. Their enthusiasm, egalitarianism, and lack of emphasis on traditional scholarship attracted mass following. Soon, there were Hasidic communities each with a hereditary 'Rebbe' (rabbi) or *Tzaddik* ('righteous one') at its head, guiding the faithful and performing miracles. Many of the early sects still thrive and are known by the names of the towns with which they were connected – thus Belzer Hasidim, Gerer Hasidim, Bratslaver Hasidim – and several are still led by 'Rebbes', of whom Menahem Mendel Schneersohn, the 'Lubavitcher Rebbe', had perhaps the highest public profile in recent times.

As Hasidism grew it adjusted to some of the criticisms levelled against it by the 'Mitnagdim' (opponents). Its acolytes became more law-abiding, and more devoted to learning, many Hasidic rabbis being scholars of distinction as well as men of outstanding piety. Unlike the Mitnagdim, though, they attached as much importance to kabbala and mystical studies as to Talmud, and promoted kabbalistic ideas at a popular level; they stressed the immanence rather than the transcendence of God.

The telling of stories is an important element in Hasidic teaching; Martin Buber rewrote many of them in German (English translations of his work are available), making something of the flavour of Hasidism accessible to a wider public.

Though Hasidism endorses traditional Messianic doctrine, it stresses personal rather than national aspects of redemption. Mostly, it has managed to defuse (though never to abandon) messianic expectations; the claim made by followers of the late Lubavitcher Rebbe that he was the Messiah owe more to evangelical Christianity than to Hasidic tradition.

Moses Mendelssohn (1729–86) – Enlightenment

It would be hard to find a greater contrast between two contemporaries within the Jewish world than that between Israel Baal Shem Tov and Moses Mendelssohn. Each, in similar measure but opposite direction, profoundly influenced the subsequent development of Judaism.

Mendelssohn, born in Dessau, journeyed to Berlin, where he privately studied mathematics, philosophy and languages; Jews were excluded from the universities. He was forced to earn a living as a private tutor in the household of a wealthy Jewish silk merchant. Eventually he was befriended by the young liberal German dramatist and critic Gotthold Ephraim Lessing; Lessing is thought to have modelled the hero of his play *Nathan der Weise* on Mendelssohn. The crowning episode of this stage of his life came in 1764, when he was awarded the Berlin Academy's prize for the best essay on the relationship between metaphysical and scientific method; amongst his competitors was Immanuel Kant! Mendelssohn's dialogue *Phädon* (1767), on immortality, earned him the sobriquet of 'the German Socrates'.

In 1769 the Swiss deacon Johann Kaspar Lavater challenged Mendelssohn either to refute Christianity or else to do what 'reason and integrity would otherwise lead him to do', and convert. In his courageous and dignified reply Mendelssohn strongly affirmed his faith in Judaism, and even claimed superiority for that faith on the grounds that it was fundamentally more tolerant than Christianity. He wrote:

> According to the basic principles of my religion I am not to seek to convert anyone not born into our laws . . . Our Rabbis unanimously teach that the written and oral laws which comprise our revealed religion are obligatory upon our nation only . . . We believe the other nations of the earth are directed by God to observe (only) the Law of Nature and the Religion of the Patriarchs. Those who conduct their lives in accordance with this religion of nature and reason are known as 'righteous gentiles' and are 'children of everlasting salvation'. So far are our rabbis from wishing to convert, that they instruct us to dissuade, by earnest remonstrance, any who come forward of their own accord . . .
>
> If, amongst my contemporaries, there were a Confucius or a Solon, I could consistently with my religious principles, love and admire the great man; the ridiculous thought of converting Confucius or Solon would not enter my head. Convert him indeed! Why? He is not of the Congregation of Jacob, and therefore not subject to my religious laws; as concerns doctrine we should reach a common understanding. Do I think he would be 'saved'? I fancy that whosoever leads men to virtue in this life cannot be damned in the next – nor do I fear to be called to account for this opinion by any august college, as was honest Marmontel by the Sorbonne.

Mendelssohn was an ardent advocate of Jewish civil rights, and a pioneer in denouncing Jewish separatism. He strongly urged his fellow Jews to assimilate, so far as their religion would permit, into German culture and society, and to speak High German rather than Yiddish. His *Biur*, a German translation in Hebrew letters of the Bible, together with a Hebrew commentary, was received as far afield as England with enthusiasm; some traditionalists frowned upon it, though they stopped short of excommunication. He encouraged the setting-up of the Jewish Free School in Berlin in 1781, in which secular subjects, French, and German, as well as traditional Talmud and Bible, were taught.

In his philosophical work *Jerusalem* he argued the case for complete separation of Church and State; he opposed both Church ownership of property, and the use (by Church or Synagogue) of the ban of excommunication. He vigorously opposed pantheism, but his own 'religion of nature and reason' verges on the deistic. Mendelssohn distanced himself, as did many contemporary Christians, from credal formulations; even scripture, though he did not express doubts as to its divine origin, was to him 'revealed legislation', free from dogma. 'The spirit of Judaism is freedom in doctrine and conformity in action,' he asserted.

Such ideas were distant from the mainstream of Jewish religious tradition, but they enabled people to continue to make sense of their faith whilst absorbing what they found of value in the Enlightenment. Not only Reform but also Modern Orthodoxy draw heavily on Mendelssohn's pioneering synthesis between tradition and modernity.

Chapter 4
The calendar and festivals

Days and months and years

The key to the Jewish calendar is Nature.

If you woke up one day, far from civilization, with no calendar and no clock, how would you mark the passage of time? As time moved on, how would you celebrate or commemorate events of significance in your life, such as the day you were born, the day you survived shipwreck, the harvest you gathered?

You would notice the sun rise and set, and you would observe that it reached its highest point in the sky just in the middle of the day. But you would not be able to fix midnight. So, your days would start either at sunrise or at sunset, or thereabouts. In fact, both ways survive in the Jewish calendar. Temple procedures were scheduled into a day that began at dawn. For all other purposes, day began at nightfall. That is why, for instance, the Sabbath commences not at midnight on Friday or Saturday, but a little before sunset on Friday night – exact times vary through seasons and latitudes, and are posted in the Jewish press.

This simple fact leads to great consequences. If the Sabbath began at midnight, few people would be around to notice. But, as it begins earlier, before people take their evening meal, Friday night has become one of the great Jewish social institutions. People attend prayers in the synagogue, with joyful psalms and hymns, and return to a brightly lit home and a festive table to recite the *kiddush* blessing over a cup of wine and to break bread together; grace and hymns are sung, and family and visitors are joined in a bond of spiritual warmth. Even those who don't attend the synagogue, or are not particularly religious, still have a family gathering on Friday night. If family values and the warmth of belonging to family and community persist in Judaism, this is largely due to the peace and harmony which are felt in so many homes as the candles are lit at the beginning of the Sabbath.

So much for days beginning at sunset rather than midnight. What about months and years?

Nature is the key. A month (the word comes from 'moon') is the time the moon takes to wax and wane – just over 29½ days. A year is the time the seasons take to complete their round (nowadays we know it depends on the earth's orbit around the sun) – just under 365¼ days. It was very inconvenient of nature to fix things this way, because there is no way to divide 365¼ by 29½ without remainder. Muslims gave up on the solar year and have a year of twelve lunar months, losing eleven or so days each year in relation to everybody else's year; their festivals can't be nature-based, since they move across the seasons. In the Western, Christian-based calendar, years correspond to the seasons, but months no longer relate to the phases of the moon. The calendar adopted by the rabbis makes the best of both worlds, but there is a price to pay for sticking to nature; months vary between twenty-nine and thirty days, years vary between twelve and thirteen months, and there are seven leap years (that is, years with thirteen months) every nineteen years. Complicated, but it works. New Moon is celebrated, and so are the changing seasons (see Table 4.1).

In Bible times the New Moon was a festival of considerable importance – the woman of Shunem who dashed off to Elisha the prophet when her son collapsed puzzled her husband because it was 'neither new moon

TABLE 4.1. Hebrew months

Hebrew	Equivalent (months overlap)
Nisan	March–April
Iyar	April–May
Sivan	May–June
Tammuz	June–July
Ab	July–August
Elul	August–September
Tishri	September–October
Heshvan	October–November
Kislev	November–December
Tebet	December–January
Shevat	January–February
Adar	February–March
2nd Adar	*In leap year only.*

nor sabbath' (2 Kgs. 4: 23) – but it was played down in later Judaism. Still, in some communities during the Middle Ages women abstained from work on the New Moon. Jewish feminists noticed this medieval hint and have built on it to reclaim *Rosh Hodesh* (the New Moon) as a women's festival of renewal, on which they read liturgies that celebrate aspects of women's spirituality. There are now many *Rosh Hodesh* associations around the world, set up to encourage women's prayer and religious education.

The Pilgrim festivals

Three of the most popular Bible-based festivals are known as 'pilgrim' or 'foot' festivals, because in ancient times pilgrims used to travel to the Temple in Jerusalem to celebrate. Philo of Alexandria, the great Jewish philosopher who died early in the first century, wrote a vivid eye-witness account of the scene: 'Countless multitudes from countless cities come, some over land, others over sea, from east and west and north and

5. A Jewish family in England discussing Torah at a meal in the Succah on the festival of Tabernacles (Succot).

south at every feast. They take the temple for their port as a general haven and safe refuge from the bustle and turmoil of life, and there they seek to find calm weather, and, released from the cares whose yoke has been heavy upon them from their earliest years, to enjoy a brief breathing-space in scenes of genial cheerfulness.'

The three Pilgrim festivals have in common the theme of joy in God's presence: 'And you shall rejoice on your festivals'; present yourself in the 'chosen place' (Jerusalem) bearing your 'gift' for God (Deut. 16: 14–16). The festive joy is traditionally expressed in feasting with meat and drink, and with the purchase of new garments for the women. It is a joy which is only complete when allied with concern for the needy; as the verse continues, 'with . . . the strangers, orphans and widows among you'; hence, still today, the festivals are times when people respond most generously to charitable appeals.

Each of the festivals has a historical, a spiritual, and an agricultural, meaning; the mystics delve beyond these into layers of hidden, inner meanings (see Table 4.2).

Synagogue services tend on the whole to be fairly sedate, but there are exceptions. On 14 October 1663 the English diarist Samuel Pepys took it into his head to visit, for the second time, the synagogue at Creechurch Lane, London. What he saw astonished him. Pandemonium appeared to be let loose, as grey-bearded men holding Torah scrolls pranced and cavorted about the synagogue like young goats. Pepys had unwittingly chosen to indulge his inquisitiveness on the day of Simchat Torah, the great celebration at the end of Succot when the reading of the annual Torah cycle is completed and recommenced, and joyful processions of men circle around the *bima* (central platform) dancing with the Torah in their arms.

Festival celebrations are as much a matter for the home as for the synagogue. Undoubtedly the most popular and fascinating of these celebrations is the Passover meal, or Seder. Its origins lie far back in the Temple ritual of the Passover lamb, which was slaughtered on the afternoon of the Eve of Passover and eaten ceremonially in the home in the evening, the first night of the festival. The Hallel (Pss. 113–18) was recited in the Temple, and has been transferred to the Seder meal. There is no longer a sacrificial lamb, but both *matza* (unleavened bread) and bitter herbs feature prominently.

The evening's procedure, however, is built around *haggada*, which means 'telling the story'. *Haggada* is also the name of the book in which the service is printed; many Jews pride themselves on their collections of *haggadot* (Hebrew feminine plural – *ot*), some of which are beautifully printed and illustrated, and many of which contain explanations and up-to-date commentaries. The Bible actually says, 'And you shall tell your son on that day, saying, "It is on account of what the Lord did for me when I came out of Egypt" ' (Exod. 13: 8), and it is around this commandment that the Seder service has evolved.

TABLE 4.2. The Pilgrim festivals and their meanings

Name of festival	*Historical*	*Spiritual*	*Agricultural*
Pesach (Passover) spring	Commemorates the Exodus of the Israelites from slavery in Egypt	God is the Redeemer; from being slaves to Pharaoh in Egypt, the Israelites became the servants of God alone	The festival of spring, of re-growth, of the earliest cereal harvest, barley
Shavuot (Pentecost) early summer	Is the day on which God gave the Ten Commandments at Mount Sinai, as the terms of his Covenant with Israel	The Redemption from Egypt was complete only when its *spiritual* dimension was achieved by Revelation of the Torah at Sinai	Marks the late cereal harvest (wheat) and the first fruits
Succot (Tabernacles) autumn	God protected the Israelites in the desert: 'So that your generations should know that I made the Israelites dwell in booths when I brought them out of the land of Egypt' (Lev. 23: 43)	God is our Protector; this is symbolized as we leave our homes and dwell in simple booths (*succot*)	The final Harvest Festival of the year

6. Children in a Jerusalem kindergarten learn to celebrate the Passover Seder (1971).

The Seder is a participatory event. Everyone joins in reading, discussion, and songs. One of the highlights, near the beginning, is the 'four questions', sung in Hebrew by the youngest child, who may well have spent weeks training to do this and looking forward excitedly to being allowed up so late with the grown-ups. Few Jews ever forget the words *ma nishtana ha-layla ha-zé* . . . 'Why is this night different from all other nights . . .', which in so many cases bring back to them happy memories of a childhood nurtured in a loving family circle.

Since rabbinic times it has been customary to drink four cups of wine at the Seder. They represent four stages of redemption, from the Exodus itself (prior to the meal) to the Messiah (after the meal). Some have a fifth cup, or simply place an extra cup of wine on the table 'for the prophet ELIJAH'.

One of the joys of a well-run Seder is the participation of all present in the discussion, whether derived from published commentaries or spontaneous and original. Several recent editions have attempted to apply the lessons of the *haggada* to contemporary issues; who are the nations or marginalized groups in contemporary society, and by what means are they to be 'liberated'?

Domestic preparations for Passover are very intense, and dominated by the obligation to remove all *hametz* (leaven) from one's possession prior to the festival, in accordance with the Bible's instructions (Exod. 12: 15–20, 13: 7); hence it is a time of thorough spring cleaning. Special utensils and foods are required for the festival, free from *hametz*. Jewish grocers, and nowadays many general supermarkets, supply a wide range of foods approved for Passover use; Jewish cookery books usually carry a selection of Passover recipes, in which the place of flour is taken by matza meal or potato flour.

Days of Awe

Not all Jewish festivals are days of joy. The New Year (Rosh Hashana) and Day of Atonement (Yom Kippur) are serious – though not sad – occasions, marking the beginning and end of the Ten Days of Penitence. The Ten Days themselves round off the *yamim noraim*, or Days of Awe, a forty-day penitential period which begins a month before the New Year. (A little bit like Lent but in the autumn, not the spring.)

At the New Year's Eve feast (remember, the day begins with the previous evening) people eat foods symbolizing sweetness, blessings, and abundance. They dip the bread in honey instead of the customary salt, and after breaking bread eat a piece of apple dipped in honey and pray, 'May it be Your will to renew for us a good and sweet year.'

The Morning Service is a long one – from four to six hours – but well attended, even if many drift in late. Prayers centre on the image of God as creator, king, and judge, who exercises forgiveness and compassion towards those who turn to him and seek his mercy. The most distinctive observance of the day is the sounding of the *shofar*, or ram's horn, at intervals through the service. It is not an easy instrument to sound correctly owing to its irregular bore and poorly shaped embouchure, but at its best it stirs to penitence and fulfils the words of the prophet, 'Shall the horn be sounded in the city and the people not tremble!' (Amos 3: 6).

Early in the first century Philo noted that Yom Kippur was observed 'not only by the pious and holy but by those who never act religiously in the rest of their life'. This is still true. For at least part of the day (prayers continue throughout the day) synagogues are full to overflowing. Not all of those who attend are eagerly seeking forgiveness of sin, or engaging solemnly in soul-searching and penitence, tempered by confident faith in God's mercy and compassion on frail humanity. That is indeed what the day is about, and what the pious are about. For many people, however, putting in a brief appearance at the synagogue on Yom Kippur is a statement of Jewish identity rather than a religious commitment.

But it is a remarkable way to demonstrate identity, especially if – as is often the case even with the minimally religious – it is combined with fasting. For on Yom Kippur not only work is forbidden, as on the Sabbath, but there are five *innuyim*, or forms of self-discipline: the prohibitions of eating and drinking (counted as one), anointing with oils, sexual relations, washing (for pleasure), and wearing leather shoes.

Teshuva (penitence) is not only the theme of Yom Kippur but a leading concept in Judaism. It is a 'return' (the literal translation of the word) to God, and consists of the recognition of sin, regret and confession, and renewed commitment to the right path. No sacrifice or intermediary is required to complete the process, which depends on God's grace alone. In the formal words of the Mishna (see p. 34):

> *Teshuva* (penitence) atones (immediately) for minor sins, both positive and negative, but if a serious sin has been committed it hangs in suspense until Yom Kippur comes and atones. If someone says, 'I shall sin and repent, I shall sin and repent', he is not given an opportunity to repent. If someone says, 'I will sin and Yom Kippur will atone', Yom Kippur does not atone. Yom Kippur atones for sins between man and God, but it does not atone for offences against another person until reconciliation has been effected.

Much is made of *Kol Nidrei*, which opens the synagogue service for Yom Kippur Eve. Though the Aramaic words are a prosaic formula for the annulment of inadvertent vows, the deeply moving melody, and the solemn atmosphere as the whole congregation gathers before God in awe and expectation, sedately dressed in their finest clothes, combine to generate one of the most emotionally charged moments of the Jewish year.

7. The *shofar* is generally made from the horn of a ram or an ibex; it may not be made from the horn of a cow or bull, for this would bring to mind the sin of worshipping the Golden Calf.

The final service the following day, as the fast ends, is *Ne'ilah* (the 'closing of the gates'); worshippers are stirred to make the most of this final hour when the gates of heaven remain wide open. It culminates on an emotional high, as *Avinu Malkenu* ('our father, our king') is chanted, the unity of God is declared by the congregation in unison, and a final blast is sounded on the *shofar*.

So much for major festivals. There are also a number of minor ones, of which the most popular are Chanukah, Purim, the New Year for Trees, and Israel Independence Day.

Chanukah celebrates the re-dedication of the Temple by the Hasmoneans in about 165 BCE. This is how the Talmud describes its origin:

TABLE 4.3. A Jewish calendar for 2004/5
Since the Jewish New Year is in the fall Jewish years overlap those on the civil calendar. 5765 AM, a leap year, runs from 16 September 2004 to 3 October 2005

Civil date	*Jewish date*	*Occasion*
16/17 Sept. 2004	1 and 2 Tishri	New Year
19 Sept. 2004	4 Tishri	Fast of Gedaliah
23 Sept. 2004	10 Tishri	Day of Atonement
30 Sept. 2004	15 Tishri	Sukkot, First Day
7 Oct. 2004	22 Tishri	Shemini Atzeret
8 Dec. 2004	25 Kislev	First Day of Hanukah
22 Dec. 2004	10 Tevet	Fast of 10th Tevet
25 Jan. 2005	15 Shevat	New Year for trees
24 Mar. 2005	13 Adar	Fast of Esther
25 Mar. 2005	14 Adar	Purim
24 Apr. 2005	15 Nisan	Pesach, First Day
30 Apr. 2005	21 Nisan	Pesach, Seventh Day
13 June 2005	6 Sivan	Shavuot
24 July 2005	17 Tammuz	Fast of 17th Tammuz
14 Aug. 2005	9 Ab	Fast of 9th Ab
The following additional festival days are observed in the diaspora:		
1 Oct. 2004	16 Tishri	Sukkot, Second Day
8 Oct. 2004	23 Tishri	Simchat Torah
25 Apr. 2005	16 Nisan	Pesach, Second Day
1 May 2005	22 Nisan	Pesach, Final Day
14 June 2005	7 Sivan	Shavuot, Second Day

> Eight days of Chanukah commence on the twenty-fifth of Kislev, and one may not eulogise or fast on them. For when the Greeks entered the Temple they defiled all the oils in the Temple, but when the Hasmoneans became strong and defeated them they searched, and found only one cruse of oil remaining with the High Priest's seal, and there was sufficient in it for one day only. A miracle occurred and they lit from it for eight days. In a later year they fixed these days as a festival for praise and thanksgiving.

By focusing attention on the 'miracle of the oil', which is not mentioned in the other sources, the rabbis transformed the festival from thanksgiving for a military victory to a celebration of the triumph of light over darkness; in the words of Zechariah, 'Not by might, nor by power, but by My Spirit, says the Lord of hosts' (Zech. 4: 6).

On each of the eight nights of the festival a light is kindled 'to advertise the miracle'. One light on the first night, two on the second, and so on, until eight are kindled on the final night. Oil is preferred to wax candles, and nowadays most people have a *menora*, or *hannukiya* (candelabrum), specially for Chanukah. Many of these candelabra are beautifully designed, and executed in precious metal.

Purim celebrates the rescue of the Jews from the threat of extermination under Ahasuerus, king of Persia, as recounted in the biblical Book of Esther. The *megilla* (Hebrew parchment scroll of Esther) is read publicly both evening and morning following the respective services. There is a widespread custom of banging and noise-making whenever the name of the villain, Haman, is read out. The more censorious object to this, stressing that every word must be heard clearly.

The day has a carnival atmosphere, often expressed in dressing-up, carnival processions, and even a satirical *Purim Spiel*. Following Esther 9: 22, alms are distributed to the needy, people send gifts of food to each other, and there is general feasting and merriment. Opinions vary as to the commendable degree of intoxication.

The New Year for Trees is mentioned in the Talmud, but it is only with the 'return to the Land' in modern times that it has become a popular festival. In Israel in particular *Tu biShevat*, as it is known, is marked by a school holiday and tree-planting ceremonies. There is also a widespread custom of eating fifteen fruits, corresponding to the date of the month; fruits of the land of Israel are favoured.

The designation of 5 Iyar (late April/May) in the religious calendar as Yom Ha-Atzma ʿut (Israel Independence Day) has not been without controversy, whether from political or religious reasons. Nevertheless, many Jews both inside and outside Israel celebrate, reciting special psalms and prayers as well as organizing social events.

Fast days

In addition to Yom Kippur there are five public fast days in the year, the most important of which is 9 Ab (*Tisha b'Ab*), commemorating the destruction of both Temples as well as other tragedies. Both Yom Kippur and *Tisha b'Ab* are twenty-five-hour fasts, when nothing may be eaten or drunk from just before sunset on one day until after nightfall on the following day; there are, of course, dispensations for those for whom fasting is difficult or dangerous. The other fast days run only from daybreak until nightfall.

Chapter 5
The spiritual life – prayer, meditation, Torah

Here is a story from the Talmud. Some explanatory notes are put in square brackets; you are left to sort out for yourself who 'he' is each time the pronoun is used. Don't be surprised that the prophet Elijah figures in the story; though he ascended to heaven in a fiery chariot about a thousand years before the Talmud was written, he does come back now and then to guide and encourage the learned and devout. Even in our own sceptical days there are people to whom he is said to have revealed himself. 'Destined for the World to Come', incidentally, means much the same as the Christian expression 'saved'.

> Rabbi Baroka of Hoza'a used to go to Lefet Market, and Elijah often kept him company. He asked him, 'Is there anyone in this market who is destined for the World to Come?' He replied, 'No!'
>
> After a while he saw a man who wore black shoes and did not wear a blue thread on his clothes [i.e. he was not dressed in the Jewish manner]. He said, 'That man is destined for the World to Come.'
>
> He ran after him, and said to him, 'What do you do?' He said, 'Go away today and come back tomorrow'. The next day he said to him, 'What do you do?' He said to him, 'I am a prison guard. I confine the men and women separately and put my bed between them, so that they don't do anything forbidden [by the Torah]. When I see that the heathen take a

fancy to a Jewish girl I go out of my way to protect her. One day there was a betrothed girl on whom the heathen set their eyes. I took the lees of the red wine and threw it on her skirt and they thought she was menstruating [and so left her alone].'

'Why don't you put [blue] fringes on your clothes, and why do you wear black shoes?'

'Because I go amongst the heathen and I don't want them to know that I am a Jew, so that when they make a decree against the Jews I can inform the rabbis, who then pray and avert the decree.'

'Why is it that when I asked you what you do you told me to go away and come back the next day?'

He said, 'Just then they made a decree, and I said first I must go and inform the rabbis, so that they might pray about it.'

Meanwhile, two brothers came by. He said to him, 'They also are destined for the World to Come.'

He went to them and said to them, 'What do you do?' They said to him, 'We are clowns. We bring cheer to the downhearted. Or else, when we see two people quarrel, we go and make peace between them.'

This curious tale is aimed at people who think they know what it means to be 'spiritual'. The 'heroes of the spirit', Elijah shows the conventional rabbi Baroka, are not the ostentatiously pious, not even the learned and devout like Baroka himself (who was obviously fishing for a compliment he did *not* receive from the prophet). They may appear to be quite ordinary individuals, not even religious in a conventional sense, whose quiet deeds enhance the quality of life around them – the carers, the compassionate, those who use their talents to ease the burdens of humanity.

All this seems a long way from the Bible's command to spirituality: 'You shall be holy, for I the Lord am holy' (Lev. 19: 2). But is holiness to be found only in fasting and prayer and 'spiritual' exercises? Evidently not – indeed, most of what follows in the chapter in Leviticus has to do with social behaviour, and fasting and prayer are not mentioned. 'Know him in all your ways' (Pro. 3: 6) expresses the way spirituality is understood in Jewish tradition; *every* aspect of life, not just the performance of 'religious' duties, should be the vehicle for devotion to God. True spirituality, or godliness, is found in everyday social relationships as well as in prayer, learning, or ascetic practices.

Nevertheless, prayer is a vital concern in Judaism, and one of the major forms in which spirituality is expressed. Equal in rank, perhaps even higher, is learning. Both are comprehended in *teshuva* 'penitence', the 'return' to God who is our home.

What is prayer?

The Bible records numerous instances of individual prayer; one of the finest is Solomon's prayer at the dedication of the Temple (1 Kgs. 8: 22–53). The Psalms include collective as well as individual prayers; they have been described as the Prayer Book of the Second Temple. Many of them retain their freshness to this day and continue to inspire Christian as well as Jewish worship.

Perhaps because prayer is assumed to be a normal human activity, the Bible has no explicit 'commandment' to pray. The rabbis nevertheless discovered one in the words of Deuteronomy (10: 20): 'the Lord your God – you must serve him.' For prayer is 'service' – the 'service of the heart', in contrast with service through sacrifice in the Temple; the verse teaches that we should serve God through daily prayer. As Maimonides (1138–1204) put it: 'a person [of either sex] should entreat and pray each day, and declare the praises of the Holy One, blessed be he, then petition for his needs . . . and afterwards render praise and

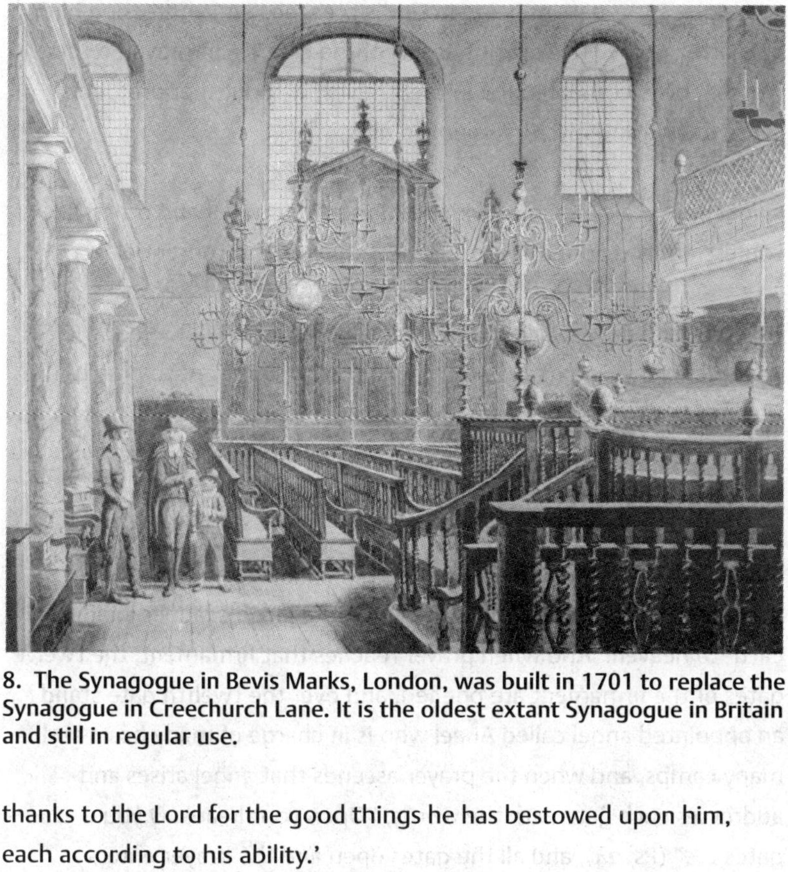

8. The Synagogue in Bevis Marks, London, was built in 1701 to replace the Synagogue in Creechurch Lane. It is the oldest extant Synagogue in Britain and still in regular use.

thanks to the Lord for the good things he has bestowed upon him, each according to his ability.'

In their discussion of prayer the rabbis of the Talmud introduced the concept of *kavvana* ('direction', 'intention'), or inwardness. They interpreted Hannah's prayer for a child (1 Sam. 1) as the prototype of sincere, spontaneous prayer; from Hannah we learn that prayer demands *inner* commitment, the heart rather than the lips. Prayer is not just words; it is, in the words of Psalms, an 'outpouring of the soul', a 'cry from the depths'.

There are many levels of *kavvana*. The Lithuanian rabbi Hayyim Soloveitchik (1853–1917) distinguished between *kavvana* in the simple sense of comprehending the words one is uttering, and *kavvana* as the conscious awareness of being in God's presence and addressing him. The latter, Soloveitchik maintains, is of the essence of prayer; to utter words, however meaningful in themselves, without that profound sense of awe and mystery, is not to pray.

Invocation, praise, thanksgiving, petition (for oneself and others), confession, and appeal for forgiveness, govern the content of prayer.

To whom are prayers directed? The fifth of Maimonides' *Thirteen Principles of the Faith* (see Appendix A) states: 'It is right to pray to the Creator, but to no other being.' He did not approve of mystics who on occasion addressed prayer to angels, or to aspects of the *Shekhina* (divine presence), rather than 'direct' to the infinite Creator.

The Zohar, the crowning achievement of Spanish kabbala (late thirteenth century), conceives of prayer as a Jacob's ladder joining earth to heaven: 'And when prayer reaches that firmament, the twelve gates of the firmament are opened, and over the twelfth gate stands an appointed angel called Anael who is in charge of many hosts and many camps, and when the prayer ascends that angel arises and addresses each gate with the words, "Open your heads, O you gates . . ." (Ps. 24), and all the gates open and the prayer enters through them.' Angels on high are stirred to intercede, barriers are overcome, the Lower and the Higher worlds are united.

Prayer is essentially a private communion between the individual and his or her God, and not bound up with the synagogue; the formal Orders of Service are recited wherever one may be. But congregational prayer adds a significant dimension of spirituality, for the *Shekhina* (divine Presence) rests upon the 'camp of Israel', the assembly of the faithful. Therefore, the regular Orders of Service should be recited, if possible, with a *minyan* (quorum) of participants, defined in tradition as ten or more male Jews of the age of 13 or over. It is preferable, though not essential, to pray in a synagogue; better still, in a *Bet ha-Midrash*, where the Torah is regularly studied, and which therefore has greater sanctity than a place of 'mere' prayer or public assembly.

The Talmud records at least one instance in which a woman's prayer is superior to that of her husband. However, it relegates women to the 'private' sphere, so that they do not make up the prayer quorum and are not obliged to attend a public place of worship. Special women's prayers in Yiddish, called *techines*, with a characteristic spirituality, developed for private use, perhaps as early as the fifteenth century. The non-Orthodox branches of Judaism (see Chapter 7) have, to varying degrees, given women equal status with men in the synagogue. Since the 1980s Orthodox women-only services have been developed along similar lines to the standard services, though not without controversy.

Does prayer work?

Is prayer 'effective'? Does it *work*? The bitter experiences of the Holocaust led many to deny the traditional concept of an 'interventionist' God; God had evidently not intervened in response to the prayers of his people to save them from this terrible catastrophe. Even before the Holocaust some people had been persuaded by scientific and philosophical arguments that, contrary to traditional teaching, God did not intervene directly in human affairs.

Traditionalists nevertheless still believe that God modifies external reality in response to prayer. Others stress the *indirect* effects of prayer; prayer influences external events through psychological processes, including the phenomenon of the 'self-fulfilling prophecy'. Yet reality is not that simple. Even if it is not possible to demonstrate scientifically that prayer changes external reality, the believer may well claim that he or she experiences God's presence in events in the external world.

Prayer undoubtedly modifies the *internal* reality of the one who prays. Indeed, the standard Hebrew term *tefilla* (prayer) derives from a root which means 'to judge', and hence conveys the meaning of self-examination, or introspection. In prayer, one comes to a better understanding of oneself and achieves spiritual development. But many find this an inadequate account of prayer. Abraham Joshua Heschel (1907–71) dismissed it as 'religious solipsism', equating prayer with mere auto-suggestion, and he questioned whether it was therapeutically sound to pray 'as if' God was listening, whilst at the same time denying that He did.

The liturgy

The Psalmist prayed seven times a day (Ps. 119: 164), and Daniel, in Babylon, three times (Dan. 6: 11). Though some scholars demur, it seems certain that Jewish prayer, communal as well as private, separate from Temple worship, was established well before the Romans destroyed the Temple in the year 70.

Still, it was not until about the year 100 that the attempt was made to regulate and define the orders of prayer. The great pioneer of liturgy was Gamaliel II, head of the School at Yavné, near Jerusalem, and effective leader of the Jews. This was at about the same time as Christians were formulating a basic liturgy; perhaps both Jewish and Christian leaders saw the fixed liturgy as a means of defining their faith and promoting 'religious correctness' ideas amongst their followers.

At any rate, Gamaliel's liturgy has determined the form and much of the content of Jewish prayer, Reform as well as Orthodox, to the

The Three Daily Services

Maariv (Aravit)	evening
Shacharit	morning
Mincha	afternoon

present day. There are three daily Orders of Service: *Maariv* (or *Aravit*) in the evening; *Shacharit* in the morning, *Mincha* in the afternoon. On Sabbaths and festivals *Musaf* ('Additional Service') is added following *Shacharit*, on the Day of Atonement also *Neʿilah* (the 'closing of the gates').

The services are built around two major prayers. One is the *Shema* (accent the 'a'), which consists of three scriptural readings, opening with the declaration of God's Unity. The other is the *Amida* (= 'standing'), or *Shemone Esreh* (= 'eighteen' – the original number of its paragraphs), consisting of praise, petitions, and thanksgiving.

Shema is said at *Maariv* and *Shacharit*, but not at the afternoon service; *Amida* is said at all three.

Gamaliel defined no more than the beginnings and ends of blessings, leaving the prayer leader or individual worshipper to improvise on the set theme. His prayers were brief, and in simple Hebrew, though it was permissible to pray in the vernacular.

Public reading of the Torah was already well established before the time of Gamaliel II, but there was no fixed lectionary nor did he introduce one. The system now more or less universal amongst Jews is that, beginning and ending on the feast of Simchat Torah, the Five Books of Moses (Genesis, Exodus, Leviticus, Numbers, and Deuteronomy) are read publicly in the synagogue in an annual cycle on Sabbath mornings from a handwritten parchment scroll known as a *Sefer Torah*. There are, in addition, many other regular liturgical readings from most parts of the Bible.

Attitude in prayer

The *Amida* prayer is said quietly, standing, in a reverent attitude, feet together, hands folded over heart, facing Jerusalem; at four points you bow slightly. Correct bodily position is not essential to prayer, but concentration is; in sickness, or when travelling in a situation where standing would disturb concentration, you sit, and if you are too agitated to focus your mind you should not attempt the statutory prayers.

The School of Hillel ruled that *Shema* might be recited 'in whatever position one may be' – that is, no special position should be adopted. As you commit yourself to the Unity of God in the first verse ('Hear, O Israel! the Lord is our God. The Lord is One!'), you should keep still, closing your eyes and covering them with your hands in intense concentration. Daniel (Dan. 6: 11) knelt at prayer, and kneeling and prostration took place in the Temple, but are no longer Jewish practice. Kneeling and prostration are confined in the synagogue to the *Alenu* prayer in the Additional Service for the New Year and Day of Atonement, and to the recital of the Temple Service on the latter.

The first paragraph of the *Shema* (Deut. 6: 4–9)

Hear, O Israel! the Lord is our God. The Lord is One!

Blessed be His name, whose glorious kingdom is for ever and ever.

And you shall love the Lord your God with all your heart, with all your soul, and with all your strength. And these words, which I command you today, shall be upon your heart. And you shall teach them to your children, and speak of them, when you sit in your house, when you walk by the way, and when you lie down and when you rise. And you shall bind them as a sign on your hands, and they shall be ornaments between your eyes. And you shall write them on the doorposts of your house and upon your gates.

Poets and singers of the synagogue

Hebrew liturgical poetry has deep roots in Scripture itself – for instance, in the Psalms. The Palestinian school of *piyyut* (the word comes from the same Greek word as the English 'poet') flourished already before the Arab conquest of Palestine in the seventh century. Best known of its poets was Eleazar Kallir, whose compositions still figure prominently in the Orthodox liturgy. His innovative style has complex patterns of rhyme, acrostic, and refrain, and is full of neologisms and strange-sounding grammatical forms, though there are fine examples of a simpler style of writing.

Here are two contrasting examples of Hebrew liturgical poetry. First, a *seliha*, or penitential hymn, composed by the poet/philosopher Solomon ibn Gabirol (eleventh century) in Muslim Spain:

> *I am appalled and in deep torment; on the day my effrontery is recalled – what can I say to my Lord?*
> *I am desolate and speechless; when I remember my guilt – I am ashamed and confounded.*
> *My days waste in futility; because of the shame of my youth, there is no peace within me . . .*
> *When my sin vexes me, my mind reassures me: 'Let us fall into the hand of the Lord'* [cf. 2 Sam. 24: 14].
> *Turn from the seat of your dwelling, and open your gates to me, for there is none beside you.*
> *O my rock, protect me! Deliver me from my sin, and teach me your Torah . . .*
> *Forgive our sins, and pay no heed to (the sins of) our youth, for our days are but a shadow.*

Next we have the first four verses and the final verse of the poem 'Lekha Dodi' ('Come, my friend') composed around 1540 by the kabbalist Solomon Alkabetz. The poem, in which the Sabbath is personified as Bride and Queen, is sung today in almost all rites, both Orthodox and

Reform, at the Friday evening service for the Inauguration of the Sabbath. It reminds us that the Sabbath itself is one of the great spiritual experiences of Judaism, open to every man, woman and child.

Come, my friend, to meet the Bride, let us receive the Sabbath!
The One God declared 'observe' and 'remember' as one word
The Lord is one and his name is one; name, glory and praise!
Come my friend . . .
Come, let us go to meet the Sabbath, for she is the fount of blessing
Cast for ever from the beginning, final deed in pristine thought.
Come my friend . . .
Sanctuary of the king, royal dwelling, arise from your overthrow!
Too long have you dwelt in the vale of tears; He will have compassion on you!
Come my friend . . .
My people, shake free of the dust, don your beautiful robes,
Draw near to my soul, redeem it through the son of Jesse of Bethlehem!
Come my friend . . .
Come in peace, diadem of your husband, in joy and gladness,
Come O bride, come O bride, amongst the faithful of the special people
Come my friend . . .

Little is known of the music of ancient times, though some elements are preserved in the traditional cantillation of the Torah and the older *nusach*, or forms of reading, for some of the prayers. At some time in the Middle Ages the art of the *hazzan*, or prayer-leader, came into being (the term itself is much older, but the role changed), his task being to enhance the beauty of public devotions; larger synagogues nowadays usually boast a professional *hazzan* as well as a rabbi.

Salomone de' Rossi, in Mantua, introduced Italian Renaissance vocal counterpoint into the music of the Synagogue. Since the eighteenth century Hasidim have adopted East European folk-music into the Synagogue, and in the nineteenth the Austrian Salomon Sulzer and the

9. Archaeological excavations have demonstrated that the prohibition against graven images did not inhibit Jews from artistic embellishment of their Synagogues. This sixth-century mosaic unearthed at a Synagogue in Gaza portrays King David playing his harp.

German Louis Lewandowski, who was the first Jewish student of the Prussian Royal Academy of Arts and the first Synagogue choirmaster in modern times, introduced mixed choir, organ, and a Mendelssohnian style; the Orthodox rejected the mixed choir and organ. In the twentieth century several Jewish composers of note, such as Darius Milhaud and Ernest Bloch, have written for the Synagogue.

Whilst the Synagogue has nurtured its own traditions, its music has constantly been influenced by surrounding styles and tastes; the musically educated worshipper can unravel much of Jewish history simply by listening to the tunes! Music, like architecture and the decorative arts, forms an essential part of the spiritual expression of Judaism.

Love of God; meditation, contemplation; pietists

One of the most widespread half-truths about Judaism is that it lacks 'religious orders', such as the monastic orders of the Church. True, there are no Jewish nuns and monks. However, there has been no shortage throughout the centuries of trends, movements, and élite associations devoted to specific forms of spirituality.

Rabbinic Judaism itself was born in such a movement – that of the *haverim*, 'friends', who in the first century formed associations dedicated to strengthening observance of the laws of tithe and purity; rather like some of the Dead Sea Scroll groups, they would take a meal together 'in purity', as in the presence of God in his Temple.

Then there were the circles of the so-called 'Chariot' and 'Hekhalot' mystics, perhaps as early as the third century, whose hymns celebrate the 'heavenly ascent' as the ultimate spiritual experience.

In twelfth-century Egypt a Jewish Sufi movement developed, combining mystical doctrines with spiritual and ascetic exercises. The recent publication of Abraham Maimonides' *Compendium for the Servants of God* and Obadiah Maimonides' *Treatise of the Pool* have brought into sharp focus this movement of *Hasidim*, or 'pious ones'; Abraham was a son, and Obadiah a grandson, of Moses Maimonides.

Far away in Western Europe at much the same time another movement of *Hasidim*, the *Hasidei Ashkenaz* ('German pietists'), with a strong emphasis on mysticism and martyrdom, was formed. Here, in Israel Zangwill's translation, are some verses from the 'Hymn of Glory' composed by one of their leading members, Judah he-Hasid, in which the mystical thirst for intimacy with God is tempered with the philosophical realization that no one can truly grasp His nature:

Sweet hymns shall be my chant and woven songs,
For Thou art all for which my spirit longs –
To be within the shadow of Thy hand
And all thy mystery to understand.
The while Thy glory is upon my tongue,
My inmost heart with love of Thee is wrung . . .
I have not seen Thee, yet I tell Thy praise,
Nor known Thee, yet I image forth Thy ways
For by Thy seers' and servants' mystic speech
Thou didst Thy sov'ran splendour darkly teach.
And from the grandeur of Thy work they drew
The measure of Thy inner greatness, too.
They told of Thee, but not as Thou must be,
Since from Thy work they tried to body Thee . . .

Later Jewish 'spiritual' movements include the mystics of sixteenth-century Safed (Palestine), the Ukrainian Hasidism of the eighteenth century, to which today's *Hasidim* belong, and the *Musar* movement of Israel Salanter, with its strong emphasis on ethical self-criticism.

Learning

The most universal, accessible, and distinctive form of Jewish spirituality is Torah study. Of Jonathan son of Uzziel, the greatest disciple of Hillel (early first century), it is related that when he sat and learned Torah so great was the fire of his spiritual passion that if a bird flew overhead it would burst into flame. The words of Torah are as full of joy as on the day that they were given at Sinai.

In the *yeshiva* (nowadays there are similar institutes for women) young men – most of them *not* pursuing a rabbinical vocation – are introduced to traditional Torah study, with its devout intensity. From the *yeshiva* the ideal spills out into the life of ordinary people, who will attend *shiurim* (lessons, lectures) early in the morning before daily prayer, or late at night after work, or whenever they can snatch time in the day, and will learn regularly with a friend, their friendship deepened by a spiritual bond.

Let us end this chapter, as we began, with a story. This is the reminiscence by Joseph Dov Soloveitchik, one of the leading Orthodox Jewish thinkers of the twentieth century, of his childhood in Central Europe:

> I recall, when I was young, I was a loner, afraid of the world . . . It seemed as if everyone made fun of me. But I had one friend – don't laugh – the Rambam [Maimonides]!
>
> The Rambam was a regular visitor to our home . . .
>
> Father's lectures were given in the hall of my grandfather's house, where my bed was placed. I used to sit on my bed and listen to Father's words, and he was always talking about the Rambam . . . He would open the *gemara* [Talmud], read through the section to be studied, and say . . . 'This is how it is explained by the Ri and the Tosafot; now let's look at the

Rambam and see how *he* explains it.' He would always discover that the Rambam explained it differently, and not in accordance with the obvious meaning. He would say . . . as if personally complaining to the Rambam: 'Rabbenu Moshe, why did you do this?' Everyone would be silent, so as not to disturb his thought. After a long time he would slowly raise his head, and begin: 'Gentlemen, let us see, now . . .'

I understood not a word of the subject, but two impressions fixed themselves in my innocent young brain: (1) The Rambam was surrounded by opponents and 'enemies' who wanted to harm him; (2) Father was his only defender. Who knows what would have happened to him without Father? . . .

I would go broken-hearted to my mother: 'Mother, Daddy can't explain the Rambam! What shall we do?' Mother would say, 'Father will find an answer for the Rambam. And if he can't, perhaps when you grow up you will find an answer for the Rambam. The main thing is to keep on learning Torah, and to enjoy it and let it excite you.' . . .

This was no golden daydream of a young child. It was a psychological and historical reality which even today lives in the depths of my soul. When I sit and learn I find myself at once in the company of the wise men of tradition, and our relationship is a personal one. The Rambam is on my right, Rabbenu Tam on the left, Rashi sits in front and explains, Rabbenu Tam fires questions, Rambam makes decisions, Raavad criticizes. All of them are in my little room . . . They look at me with affection, joining in reasoning and *gemara*, support and encourage me like a father.

The learning of Torah is not merely a didactic exercise . . . but the powerful expression of a love that crosses the generations, a marriage of spirits, a unity of souls. Those who hand down the Torah meet in one inn of history with those who receive it.

Chapter 6
Making a Jewish home

You are Jewish. You have just married, and you are about to set up your new home. What happens next?

Stop for a moment to think. You have saddled yourself with a mortgage and actually have a house or apartment of your own to live in. Lucky you! You are one of the fortunate few, if we look at Jewish populations world-wide, rather than at the minority who can afford to live in the more gracious suburbs of New York or London or Johannesburg. Plenty of Jews do not have a roof over their heads, or at best have to squeeze into a very small and none too private space made available to them in their parents' home.

Perhaps you do not care. If so, you are that ordinary enough person, the indifferent Jew. But for the purpose of this exercise let us assume that you are, if not a holy saint, a man or woman ready and willing to dedicate your life to the ideals of Torah. You will not be ordinary, but you will not be unique either.

Tzedaka

So, you are an idealist. Then the first thing that you will be looking at is what you can do to help those who do not share your good fortune. Most likely, at the wedding itself, you, or your parents, distributed alms to the needy; in your grandparents' days, especially if they lived in some East European *shtetl* (village), they would have invited the local poor to take part in the celebration and festive meals, but in 'civilized' city society this is not very practicable.

You have an income as well as a home. Then you must make proper allowance for *tzedaka* (charitable giving). One-tenth of your profits should be set aside for charitable purposes. This idea of the tithe comes from scripture; the Bible lays down that farmers in the land of Israel should set aside tithes of cattle, sheep, and produce, for priests and Levites (who were a public charge) and for the poor. As Asher ben Yehiel, a German who became Chief Rabbi of Barcelona (Spain) in the thirteenth century, reasoned, it would not make sense if we were to become better off by having been exiled from our Land on account of our sins; since today we do not give tithes of produce to priests and Levites we should at least give a tenth (some say a fifth) of our money profits to worthy causes and needy individuals.

The 'tenth' is a matter of conscience, not a tax levied by the community. Nor should it be taken too precisely. There are occasions when public need is such that you need to give more than a tenth; conversely, there are circumstances in which your immediate family's needs must be given priority. In any case, modern fiscal practice makes it hard to determine what a 'tenth of profit' is; is it before or after tax, or to what extent are the monies levied in taxation spent on projects which themselves count as *tzedaka* – education, housing, and health, for instance?

You, when you set up your home, will not worry about the finer points. What you will aim at is to ensure that your home is a base for a way of life guided by *tzedaka*. This will not be just the giving of money, but charity in the broadest human sense; hospitality to the learned, strangers, the needy, visiting the sick, general care and concern for the welfare of other people.

Mezuza

Now your conscience has been settled we can look at the house itself. The *Shema* (see p. 76) contains this phrase: 'And you shall write them [i.e. God's words] on the doorposts of your house and upon your gates'. As the rabbis interpret it, this means that the two sections of Deuteronomy containing the verse – that is, the first two paragraphs of the *Shema* – should be written in ink on parchment, placed in a container, and affixed to the door frame at least two-thirds of the way up (but not in the top span) on the right-hand side as you enter. The container, with its parchment, is called a *mezuza*, which just means 'doorpost'. You will see one on the front door of many Jewish houses, and on all except the bathroom doors in the houses of the more observant Orthodox Jews.

What you won't see without asking, because they are unlikely to be on display, are the *tallit* and *tefillin* worn by Orthodox men at certain services. The *tallit*, sometimes referred to as a 'prayer shawl', is a rectangular piece of material, preferably wool, with fringes at each of its four corners (in accordance with Num. 15: 37–41); it is draped around the shoulders at morning prayers. The *tefillin*, or 'prayer boxes' (the word 'phylacteries' is not a translation – it comes from the Greek for 'protectors'), are two leather boxes with straps attached; they contain the four biblical passages which include the instruction 'you shall bind them on your arms and they shall be an ornament between your eyes'; at the weekday morning service men (rarely, in Conservative and Reform congregations, women) bind one around the left arm opposite the heart, and the other on the forehead.

Other religious objects you might expect to find in a Jewish home include the Sabbath candlesticks, the eight-branched *menora*, or *hannukiya*, for the festival of Chanukah, and a spice box and candle-holder for the *havdala* ceremony performed at the end of Sabbaths and festivals. Then there will be, not necessarily on show, a variety of

10. ***Tallit*** **and** ***tefillin*****, worn at weekday morning service. On Sabbaths and Festivals the** ***tallit*** **is worn but not the** ***tefillin*****.**

goblets, and a special dish for the Passover Seder (see p. 60). Many of these objects will be skilled works of art, possibly prized family heirlooms.

Books and education

The phrase 'people of the Book' comes from the Quran, which uses it of both Jews and Christians, the people 'mentioned in the Book'. It does not mean 'people who read lots of books', but if it did it would still be an apt description of Jews. The library in your new home will certainly contain *siddurim* (prayer books), *mahzorim* (festival books), *haggadot (for the Passover feast), and chumashim* (copies of the Pentateuch, the first five books of the Bible, very likely with commentaries such as that of Rashi) which you acquired in school or as Bar- or Batmitzvah or even wedding presents.

If you are a little more learned you will have a set of twenty or so handsomely bound Hebrew volumes of Babylonian Talmud, as well as a selection of other Jewish classics. Israel is probably the only country in which the daily papers can compete against each other by offering free or reduced-price copies of the Babylonian Talmud to readers; if you live there you may have won your copy in a quiz or lottery.

This is the 'heavy' stuff, to which you will have added general Jewish books, of history or literature or humour, and records, tapes, CDs, and videos of your favourite Jewish entertainment, not to speak of your Internet connections to Jewish and Israeli sites, and your regular reading of the local Jewish newspaper – if in Britain, most likely the *Jewish Chronicle*, which describes itself as 'the world's leading Jewish newspaper, established 1841'.

The books will not remain as decorations on the shelf. You will invite the rabbi, or your friends, to come to your home regularly to take part in *shiurim*, or study sessions, on Talmud, or Bible, or some other traditional text, and this will be the high point of your week – or day, if you can manage a daily session.

As we saw in the last chapter, the learning of Torah is one of the highest spiritual values in Judaism. It is also a source of greatest joy in the home. Learning is not just for children, or for an élite, but for *all Israel*. One of the most encouraging developments on the otherwise highly conservative Orthodox scene in recent years has been the broadening of Torah learning programmes to include women, whose education has often in the past been neglected or even disapproved.

Kosher food

An increasing number of young Jews are becoming vegetarian, whether for health or economic reasons or out of consideration for the welfare of animals. Some seek support in scripture or tradition – Adam and Eve were vegetarians, and, according to the fifteenth-century rabbi, statesman, and Bible commentator Isaac Abravanel, we will all be vegetarians when the Messiah comes (his followers overlook his additional predictions that we will be anarchists and naturists and not live in houses).

But let us assume that you are setting up an omnivorous kitchen – at least, as omnivorous as is permitted by the 'laws of kashrut' – that is, the laws of Torah regulating kosher diet. (The word 'kosher', or 'kasher', just means 'OK'. Most Jews use the word *trefa* as its opposite.)

First of all, note which animals, birds, and fishes are permitted. Lists are in the Bible, in Leviticus chapter 11, some of which is repeated in Deuteronomy chapter 14. Only those animals having divided hooves and chewing the cud are permitted – in practice, cow, sheep, goat, and deer, but not pig, camel, horse, or rabbit. A list of forbidden birds is given, which implies that all others are permitted; since it is impossible to identify with certainty all those listed, the rabbis permit us to eat only birds known by tradition to be kosher, such as ducks, geese, pigeons, peacocks, and domestic fowl. All fish with scales and fins may be eaten; this excludes molluscs and crustaceans (octopus, shellfish, crab, etc.) and also eels, sharks, and some others not considered to have 'proper' scales. Certain types of locusts are permitted to those who have a tradition by which they can identify them.

Animals and birds, even of the permitted type, are not kosher unless slaughtered by the method known as *shechita*. The *shochet*, who must be licensed by a rabbi to perform *shechita*, uses a sharp knife to cut through the windpipe and oesophagus of the animal, at the same time severing the main arteries and causing virtually instantaneous loss of consciousness; if practised correctly, the method is as 'humane' as any. Additional blood is drained from the meat by a process of washing, salting, and rinsing, for centuries the prerogative of the housewife but nowadays mostly undertaken by the kosher butcher or supplier.

A strictly kosher household will have two sets of utensils for the preparation and consumption of food, one a 'meaty' set for use with meat and its derivatives, the other 'milky' for use with dairy and non-animal foods, since it is forbidden to mix milk and meat.

Not all Jews are equally strict in their observance of kashrut (what is or is not kosher). Some Reformers reject the system entirely, stressing that the essence of Judaism is ethics, not diet (in principle the Orthodox agree with this, but do not see it as a reason to abandon kashrut). Then there are those who won't eat pork, but will eat everything else, and those who will not eat any non-kosher meat but ignore other restrictions, or those who eat kosher at home but not when they are out, or those who would never eat non-kosher meat but do not seem to worry that bakery or confectionery may contain non-kosher fats or additives. A minority observe restrictions on wine and cheese, even when these do not contain non-kosher ingredients. At the far right of the spectrum are people who observe a host of additional 'precautionary' measures and are unlikely to accept any food other than that prepared under full rabbinic supervision.

Custom, family and social relations, and personal temperament will determine where any individual finds him- or herself on the kashrut spectrum. If inviting or being invited, it is best to be open and explicit about the rules you, your host, or your guest, follow; if in doubt, ask.

Sexual and personal relationships

Both the Bible and the Talmud allow polygamy, though by Talmudic times it was no longer common practice. In Western Europe, around 1000 CE, Rabbi Gershom of Mainz placed a ban of excommunication on any man who would take more than one wife, save in certain limited circumstances. The ban was quickly accepted by Jews in most Christian countries, though not in Islamic countries, where Talmud and Quran both counselled a limit of four wives per man, provided he could supply their sexual as well as their economic needs.

Sexual relations outside marriage are forbidden; it is not clear when the formal practice of concubinage ceased. The fact that something is forbidden does not mean it does not take place. 'Living together' is common in Jewish circles in Western countries, and there are, of course, Jewish adulterers and fornicators. The same discrepancy between traditional rules and contemporary practice exists with regard to sexual orientation and lifestyle. Biblical and rabbinic law unanimously condemn homosexual practices, but this has not prevented the formation of Jewish 'gay' clubs and even Synagogues.

For the law-abiding, however, there are restrictions on sexual activity even within marriage. Some restrictions are aimed at decency, or protection of an unwilling partner. The major restriction is that on sexual relations with a menstruant woman (*niddah*); the formal state of *niddah* remains for seven days after the menstrual flow has ceased, and until the woman has immersed herself totally in the *mikveh*, or ritual bath. Immersion in the *mikveh* is a sort of purification ceremony, also used by (amongst others) priests in the Temple before Divine Service, or by converts on adopting Judaism. 'Baptism' is simply the Greek translation of the Hebrew *tevila*, immersion.

The marriage relationship is one of mutual love, respect, and support. It is entered into on a permanent basis. Rabbinic Judaism, following the Hebrew scriptures, has always permitted divorce, though there has been much debate about the circumstances in which it is appropriate. Marriage, once entered into according to Jewish law, can be dissolved only by that law, which requires the handing over of a *get*, or bill of divorce, from husband to wife, in the presence of witnesses. Orthodox women have often suffered great hardship through this requirement, for little can be done to force a husband to authorize a *get* if he is unwilling, and the rabbinical courts will not simply 'dissolve' a marriage. Recently, steps have been taken to ameliorate the situation, taking advantage of a variety of legal processes available in different countries.

Most traditional communities emphasize the importance of family; after all, it is within the family that traditional values are most powerfully expressed and transmitted. Judaism is no exception, though Jewish families in the Western democracies have been subjected to the same disruptive pressures as families in other communities, and the family is no longer as strong as it was.

The downside of the emphasis on family values is the danger of marginalizing the stranger, the single, and the unattached. Deutero-Isaiah seems to have been well aware of this two and a half thousand years ago:

> The foreigner who has given his allegiance to the Lord must not say,
> 'The Lord will keep me separate from his people for ever';
>   and the eunuch must not say,

11. Wedding customs vary widely, with each community anxious to preserve its own traditions. Here a member of the Inbal Dance Theatre, Israel, dresses as a Yemenite Jewish bride.

'I am nothing but a barren tree.'
For these are the words of the Lord:
The eunuchs who keep my sabbaths,
who choose to do my will and hold fast to my covenant,
shall receive from me something better than sons and daughters,
a memorial and a name in my own house and within my walls;
I will give them an everlasting name,
a name imperishable for all time.

(Isa. 56: 2–5, *New English Bible*)

Many Jewish communities have a long way to go before the stranger, the single, and the unattached feel as comfortable within them as Isaiah would have liked.

Life cycle

Shakespeare spoke of 'seven ages' of man – the infant, 'mewling and puking in his nurse's arms', the whining schoolboy, the lover, the soldier, the justice, the sixth age which 'shifts | Into the lean and slipper'd pantaloon', and, finally, 'second childishness, and mere oblivion' (*As You Like It*, II. vii. 139–66).

Jewish sociologists now identify seven life stages marked by rites of passage. The seven are not Shakespearian, nor do they correspond exactly to the stages of life noted by Jewish tradition, but they will serve our purposes.

1. Birth

Males – circumcision on the eighth day – feast – ancient tradition going back to the days of Abraham.

Male firstborn – additional 'Redemption' ceremony at 30 days.

Females – no traditional ceremony, but (*a*) mother attends the synagogue for thanksgiving prayer, and/or (*b*), especially in Reform synagogues, baby is brought into the synagogue for blessing.

2. Growing up

Optional and varied ceremonies take place as a child starts to learn the Hebrew alphabet – eating letters made of honey cake etc.

Boys celebrate Barmitzvah at 13. This is an individual ceremony, at which the boy reads Torah in the Synagogue, has a great party, and receives presents.

Girls may celebrate Batmitzvah at 12 – a Reform ceremony similar to that for boys. Orthodox Jews have only recently started to mark Batmitzvah publicly, usually with a collective ceremony for girls of the year group, plus individual parties. Many Orthodox prefer 'Bat Chayil' to Batmitzvah ceremonies; like confirmation, Bat Chayil normally takes place at a later age, and only when a prescribed course of study has been satisfactorily completed.

Liberal and Reform synagogues have abandoned their erstwhile preference for confirmation over Bar- and Batmitzvah.

3. Marriage

From the point of view of Jewish law, a wedding consists of two distinct procedures. First there is *kiddushin* (betrothal). In the presence of witnesses, the groom gives an object (nowadays a wedding ring) to the bride, and says 'You are betrothed to me by means of this ring in accordance with the law of Moses and Israel'; the bride need say nothing, for her silence is taken as acquiescence. Two blessings are then recited, and a cup of wine shared.

Then comes *nisuin*, or marriage proper. The bride and groom stand beneath the Chuppa (bridal canopy), symbolizing their new home, and seven blessings are recited, a cup of wine again being shared. The couple are blessed, and the groom smashes a glass, recalling the destruction of Jerusalem even on his most joyful day. Then, in the presence of witnesses, bride and groom are secluded for a time.

A wedding may be plain and simple, or it may be choral and floral, with bridal gowns and morning suits and parents leading the couple to the Chuppa and speeches and congratulations and singing and dancing and feasting – feasting, indeed, for seven days and seven nights. *Hasidim* and right-of-centre Orthodox separate the sexes throughout.

Reform Jews equalize the roles of bride and groom, have an exchange of rings and perhaps promises, dispense with the seclusion, and feast only at the wedding itself, not on successive nights.

The variety of customs amongst Orthodox and Reform, occidental and oriental Jews is vast. Music ranges from ball-room to Klezmer, from pop to classics; people have even been known to entertain with a consort of viols, but this is too quiet for most tastes.

4. Parenthood

The art of bringing up children was not mastered by Moses, King David, or the philosopher Plato. Professional training for well-meaning parents is available at Synagogue Community Centres. Children are resilient, however, and grow up despite the training.

5. Mid-life

Only recently, with increased life-expectancy, have sociologists begun to categorize mid-life and its crises as a distinct stage of human development – or disintegration. Appropriate rites of passage have yet to be devised.

6. Old age

The ideal is to have achieved wisdom through life's experiences, and to be the focus of admiration and respect from those immature beings still battling through the previous stages. It applies to women as much as to men. Sometimes it happens. Often, however, the reality is uncomfortably more akin to Shakespeare's 'second childishness, and mere oblivion, | Sans teeth, sans eyes, sans taste, sans everything'.

7. Death

Orthodox Jews have burial only; Reform Jews may have cremation or burial.

The close relatives (spouse, parents, siblings, children) rend an outer garment, remove their shoes, and 'sit *shiva*' – that is, they sit on the ground or on low stools at home, where friends come to visit and comfort them and prayers are said daily. Though *shiva* means 'seven', denoting seven days of mourning, the less observant make do with one night only. Others attend to the mourners' material needs, such as preparing their meals.

A further period of less intensive mourning continues for the remainder of thirty days, and children mourn twelve months for parents. After that, there is an annual remembrance day, or *Jahrzeit*. The closest relative recites *kaddish* (not a memorial prayer, but a doxology) in the synagogue for the first eleven months and annually on the *Jahrzeit*.

Belief in life after death has been endorsed by Reform as well as Orthodox theologians. In the past there was debate as to whether life after death involved some form of bodily resurrection, or only the perdurance of the 'soul'; the debate continues, and nowadays has broadened to include those who regard talk about life after death as a metaphor for continuing repute or influence.

Chapter 7
Out of the ghetto, into the whirlwind

In previous chapters we have come across different denominations (they do not like to be called 'sects') of Jews, such as Orthodox and Reform. Why should such divisions exist? How did they come about? Is there not one 'pure, authentic' Judaism, which Moses brought down the mountain all those millennia ago? To answer these questions we have to go back a little in time.

Unfortunately we cannot go back to some 'pure, authentic Torah' received and handed on by Moses. Jewish tradition and Christian tradition both believe there was one, and Jewish tradition believes that it was preserved by the rabbis. Ultimately, this is matter of faith. No one can establish the text of such a Torah, and historians cannot tell us of a time when one monolithic Judaism was accepted unquestioningly by all Jews as authentic. As we saw in Chapter 2, when we enquired how Judaism and Christianity split apart, even in the first century several forms of Judaism existed side by side, and each lay claim to being the authentic Torah. Christianity, in its turn, made a similar claim, that Jesus was the 'fulfilment' of Torah, and that Christians were the 'true Israel'.

What about the Middle Ages, the 'Age of Faith', when everybody shared the same beliefs and followed the same rules? Such a view of the Middle Ages is naïve. Medieval society was authoritarian and oppressive; if you entertained views different from those of the authorities, you kept quiet about it. If you could not keep quiet, you were at least careful; you disguised your opinions in mystical language or appealed to a 'true, hidden tradition' such as the 'Hermetic Tradition'. Beneath the surface there was far more questioning than is commonly assumed. Though the only Jewish sect that established itself and flourished in the Middle Ages was that of the Karaites (the Karaites, needless to say, regard 'Rabbanite' Judaism as the 'sect' and their own religion as the true, original Judaism), we can now discern, with hindsight, traces of many of the dissidents who failed to gain a hearing.

In Western Christendom the Church of Rome exercised spiritual domination and was not reluctant to use the 'secular arm' – that is, the civil authorities and their armies – to ensure conformity in doctrine and practice. The Church defined 'heresy', and repressed it severely, as when Pope Innocent III launched the armed Crusade that brutally repressed the Albigenses and desolated much of southern France.

The Jews had no pope and no armies, nor, with very few exceptions, did they ever have recourse to the cruel physical punishments and tortures that were routine in the surrounding world. But they were no less vigilant in confronting what they regarded as heresy. The communal leaders exercised power not through physical repression but through the *herem* – a thirty-day renewable ban of excommunication, used to secure compliance with civil and criminal justice as well as religious law. Excommunication carried grave consequences for social and economic life, for an excommunicated Jew was cut off from his community and did not belong anywhere else; there was no way for him to earn a living, no place for him in society.

This system of communal discipline (or oppression) collapsed with the walls of the ghetto. In the eighteenth century, when a significant number of Jews in some Western countries began to acquire civil rights, the traditional elders and rabbis lost control over the way of life of the Jewish masses. Questions and dissident opinions could no longer be suppressed. Jews quickly seized on Enlightenment ideas of civil liberty, toleration, and individualism, and on the fashionable contempt for 'superstition'. Many of them started to perceive the traditional Jewish community and its institutions as obscurantist, out-of-date, superstitious.

Moses Mendelssohn (see p. 51), who remained an observant Jew throughout his life, radically reinterpreted Judaism to conform with an Enlightenment outlook. Many, including Mendelssohn's own children – his grandson, the famous composer Felix Mendelssohn, was born to baptized parents – accepted baptism, not because they were convinced of the truth or superiority of the Christian religion but rather, as another baptized Jew, the poet Heinrich Heine, put it, because it was a ticket to 'civilization' and cultured society.

By the end of the eighteenth century three options remained to West European Jews, particularly in Germany and France. They could assimilate – which in practice meant baptism and the loss of Jewishness. They could retrench, maintain their traditions unmodified, and turn their backs on Enlightenment, though at the expense of social alienation and ridicule and quite possibly the loss of hard-gained civil rights. The remaining possibility was to change, to 'modernize' Judaism by cleansing it of superstitious and outmoded elements (Christians, after all, were attempting to accomplish the same with their own religion), and hence to gain social acceptance without abandoning Jewish identity. Reform emerged from this third option. It was not, at first, intended to be a separate movement. Only when the proposed changes were rejected by the traditionalists was Reform, as a distinct movement, born, and only then was the label 'Orthodox' firmly attached to those who opposed radical change.

Reform Judaism

The early nineteenth-century German Reformers sought to regenerate public worship by enhancing its beauty and relevance, cutting obsolete material, introducing vernacular prayers, a weekly vernacular sermon, choral and organ music, and new ceremonies such as confirmation. The French occupation of Westphalia created the opportunity for Israel Jacobson to erect the first Reform Temple based on these principles at Seesen in 1810, but the French withdrawal ended the experiment. In Berlin Orthodox opposition limited Reform to a weekly service in Jacobson's own home. The first lasting Reform Temple was therefore that of Hamburg, erected in 1818.

The controversy engendered by vociferous Orthodox opposition to Reform in Hamburg soon brought to the surface the theological issues that underlay the differences in attitude to liturgical reform. Principal amongst these issues was the authority of the Talmud and rabbinic interpretation. The Reformers tried at first to justify themselves by an appeal to traditional authority, but it soon became evident that they did not regard themselves as bound by traditional norms and formulations of Judaism. They had, for instance, abandoned prayers for the coming of a personal Messiah, and were adopting the critical historical method of reading Jewish texts, including the Bible.

Out of the struggle to resolve such issues grew the theological concept of Progressive Revelation. Perhaps, as Spinoza had argued, the old biblical laws (not to speak of rabbinic law) were the law of the ancient Hebrew polity, and were no longer applicable in a modern society in which new ethical, moral, and spiritual values were 'revealed'. Christianity had by no means superseded Judaism; Judaism itself, rightly interpreted, had always been a religion of spirituality and could even now demonstrate the progress of revelation. This Reform understanding was strengthened as the nineteenth century adopted progress and evolution as its watch-words.

Reform spread rapidly throughout Germany and beyond to Austria, Hungary, France, and Denmark, as well as to Britain, where on 27 January 1842 the West London Synagogue, today a thriving Reform centre, was dedicated, though the founders of the West London Synagogue had no clear intention of setting up a distinct Reform movement. In the USA, a Reformed Society of Israelites had been set up in Charleston, South Carolina, in 1824; it not only called for liturgical revisions, but adopted the Thirteen Principles of the Faith of Maimonides (see Appendix A), excluding the articles on the coming of the Messiah and bodily resurrection (cynics have compared this to formally accepting the Ten Commandments, excluding two which appear to be inconvenient). Later in the century, under Isaac M. Wise's leadership, Reform became a strong force in American Jewry. Hebrew Union College was founded at Cincinnati in 1875, where it remains to this day as the spiritual home of Reform. The classical formulations of Reform, the 'Platforms' of Philadelphia 1869 (see the full text in Appendix B on p. 137) and Pittsburg 1885, were likewise American achievements.

As the nineteenth century drew to a close the Reform premiss that society and culture would approach ever more closely the universalist ideals of the Enlightenment, that all humankind, Jews included, would experience continued 'messianic' progress, came to appear out of touch with reality. Not only had a new, secular racial anti-Semitism taken root, but even liberal Christian theologians persisted in contrasting Gospel with Law, New Testament with Old, spirituality with legality, in a way which upheld the view of Christianity as having superseded Judaism. The Reform response to this was to stress even more strongly the ethical and spiritual dimension of Judaism, a position clearly articulated by Hermann Cohen. Proclaiming Judaism as 'ethical monotheism', Cohen developed the messianic idea as a constant response to the divine, a call to the never-ending task of moral improvement; messianism enabled an ongoing critique of society. In his later work he regained a sense of the significance of the

Sabbath and other religious institutions, and of the specific vocation of Israel.

Because of its emphasis on universalism and on acculturation within the 'host' societies, Reform was unsympathetic, even hostile, towards the Zionist movement. Even before the establishment of the State of Israel, however, attitudes were changing, as universalist ideals in 'enlightened' Europe were eroded by nationalist conflict, persistent anti-Semitism, and the rise of Fascism in Germany and elsewhere. The Columbus Platform of 1937 shows a broader balance than early Reform pronouncements between the universalist and particularist aspects of Judaism and a commitment to the 'rehabilitation of Palestine'.

The San Francisco Platform of 1976 reflects the impact of the Holocaust and of the establishment of the State of Israel; there is less faith in human progress, less clarity on God, a greater appreciation of home life and ritual and of the place of Israel in Jewish life, and a sense of the 'covenant theology' then being worked out in Reform circles.

Liturgy has always been a central concern for Reformers. Recent prayer books are deeply influenced by reflection on the Holocaust, the State of Israel, and the need to develop 'inclusivist' language. Hebrew has regained prominence, and modern psychology and anthropology have restored appreciation of ritual and ethnicity.

There was no partition in front of the women in the Hamburg Temple of 1818, and many of the liturgical reforms were for their benefit; nevertheless, they were seated separately on a balcony and could not be called to the reading of the Torah. In the twentieth century considerable progress was made towards the equalization of women's status. The first woman actually to receive ordination within the movement – and therefore the first ever woman rabbi – was Regina Jonas, who served briefly as a rabbi before perishing in the Holocaust; she was ordained by Rabbi Max Dienemann on behalf of the Union of Liberal Rabbis in

12. American Reform Jews refer to the Synagogue as 'Temple', and have experimented with modern architectural styles. Temple Beth Shalom, at Elkins Park, Philadelphia, was designed by Frank Lloyd Wright and built in 1954.

Germany on 27 December 1935. Though the Central Conference of American Rabbis, following the lead of some Protestant denominations, endorsed the principle of ordaining women in the late 1950s, it was not until 1972 that a female rabbi, Sally Priesand, received ordination from the Hebrew Union College in Cincinnati.

Reform, especially in the USA, has introduced changes to traditional Jewish law regarding personal status. Many Reform rabbis have been prepared to officiate at mixed marriages – that is, marriages where only one partner is Jewish. In 1983 the Central Conference of American Rabbis (Reform) declared a child should be regarded as Jewish if either parent was Jewish, rather than only if the mother was, as is the norm in traditional Judaism; this change was made in an attempt to equalize the status of the sexes; the Liberal movement in the UK takes the same line as the CCAR. In the 1990s there has been much debate in Reform circles on attitudes to 'alternative lifestyles'; some have sanctioned 'marriages' between persons of the same sex.

Reform Judaism accounts for about 35 per cent of US and 15 per cent of British Synagogue allegiance, with smaller percentages in other countries, including those of the former Soviet Union. Active in Israel, it lacks formal recognition; its marriages and conversions are not fully recognized by the state.

'Liberal' and 'Reform' are used interchangeably in most places, but in Britain 'Liberal' denotes the movement created around 1909 by Lily Montagu and Claude Montefiore, and which is distinguished from Reform by a more radical approach to tradition and ritual, British Reform being closer to a Conservative position.

Orthodox Judaism

The term 'orthodox', first used in 1807, was adopted by the German Reformers as a label for their traditionalist opponents. But it cannot be defined, other than to say that it is an umbrella term for all those forms of traditional Judaism which were left behind when first Reform, then Conservative Judaism, set up as organizations dedicated to specific programmes in some way critical of traditional Judaism as commonly interpreted.

Certainly, contemporary Orthodoxy comprises many and varied trends. It includes, for instance, a large variety of Hasidic sects, though Hasidism itself was regard as deviant and 'reformist' at its time of origin. Orthodoxy also includes the *mitnagdim*, or opponents of Hasidism, whose Judaism is found at its most profound and influential in the Lithuanian-style *yeshivot* (talmudic colleges), which highlight the value of intensive study of the *halakhic* (legal) texts of the Talmud and other rabbinic literature.

Yet a further element comes from 'modern' or 'centrist' Orthodoxy, which attempts a practical synthesis between tradition and general culture, following the German rabbi Samson Raphael Hirsch (1808–88), who endorsed the concept of 'Torah with the way of the land'. And the *Musar* movement of Israel Salanter (1810–83) has contributed a distinctive emphasis on personal ethical and spiritual discipline, embodied in the person of the *mashgiah ruhani*, or Dean, of the *yeshiva*, whose task it is to inspire the students to self-criticism and spiritual growth.

Then there are the various 'regional' flavours which have shaped the practice of Judaism without modifying its structures in any radical way. Ashkenazi ('German' – that is, North European) and Sephardi ('Spanish' – that is, South European, North African, and Middle Eastern) Jewry have their distinctive customs, often rooted in local culture, which impart diversity to contemporary Orthodoxy. There has occasionally been social friction between them; in Israel, for instance, Sephardi leaders have sometimes complained that Ashkenazim have privileged access to government office. Such disputes are cultural rather than religious.

Despite all this diversity, Orthodox leaders have attempted to define Orthodoxy, or what they prefer to call 'authentic' or 'Torah-true' Judaism. One way is to stress that Orthodox Jews regard *halakha* (Jewish law) as binding. The other way is to stress belief in *Torah min ha-Shamayim*, the divine revelation of Torah at Sinai, as the distinctive feature of Orthodoxy. This is very problematic. First of all, to define Judaism in terms of dogma is itself a departure from tradition, even though there is precedent for it, for instance in the works of Maimonides. But unfortunately the doctrine is in need of reinterpretation in the light of modern scholarship. If understood in its naïve medieval form, it would be rejected by a large proportion of those who call themselves Orthodox; but if it is to be understood in some other way, many non-Orthodox Jews would claim that they believe in it, too.

So it may be wiser not to attempt to define Orthodoxy, but simply to list organizations which regard themselves as Orthodox, and to note that individual members of those organizations may interpret their allegiance with great flexibility.

In Israel Orthodoxy is the only officially recognized form of Judaism, allowing its rabbis the monopoly of marriage regulation and determination of status for Jews, though some headway has recently been made in acknowledging non-Orthodox marriages. Worldwide, outside North America, the vast majority of religiously affiliated Jews are nominally Orthodox, even though at the personal level their beliefs or practices may be closer to those of Reform.

Notwithstanding the activities and influence of the Israel Chief Rabbinate, the Conference of European Rabbis, the Rabbinical Council of America, and similar bodies, there is no overall direction in Orthodoxy. Decisions in *halakha* are strongly influenced by independent 'Torah sages' recognized for their learning and piety. Decisions range from ritual matters to the conduct of war and peace, from medical ethics and civil disputes to the status of women; the presumption is that the laws of Torah are of divine origin and eternally valid, to be interpreted in each generation by its Torah sages (see Chapter 9 for examples).

Conservative Judaism

If the German Zacharias Frankel (1801–75) was the ideological father of Conservative Judaism, Solomon Schechter (1850–1915), at the Jewish Theological Seminary of America, forged the movement. Conservative Jews accord a central position to *halakha*, but are readier than the Orthodox to modify its provisions in the light of changing social and economic circumstances, insisting that Judaism in its most vital periods has retained its essential ethos whilst interacting positively with the surrounding culture. They accept the findings of modern historical criticism with regard to the composition of biblical and other source documents.

When a majority voted in 1983 that women might be ordained, several leading rabbis felt that that violated the limits of *halakha*; they eventually broke away, forming the Union for Traditional Judaism.

Conservative Judaism is particularly strong in the USA, where it is possibly the largest single Jewish denomination. In Israel and the UK, where it is known by its Hebrew name 'Masorti', it is a more recent development, but it has attracted numerous adherents. It has made inroads elsewhere, though only in North America does it approach one third of synagogue allegiance.

Reconstructionist Judaism

Based on the philosophy of Mordecai M. Kaplan (1881–1983), powered by the Reconstructionist Rabbinical College founded in 1968, Reconstructionists call for a reappraisal of Judaism, including such fundamental concepts as God, Israel, and Torah, and institutions such as the Synagogue, in the light of contemporary thought and society. Reconstructionists work through the participatory *chavura*, in which the rabbi is a resource person rather than a leader, and decisions are reached by consensus. From the inception of the movement women have been granted equal status, and since 1968 persons with either parent Jewish have been accepted as Jewish. Though organized groups beyond the USA and Israel are few, Reconstructionist thought has powerfully influenced other trends.

Chapter 8
Twentieth-century Judaism

No religion has emerged unscathed from the twentieth century. New scientific discoveries and historical criticism have kept alive questions raised since early modern times about the truth and 'authenticity' of sacred texts. Increasing secularization of government in the West has undermined the power of the religious leadership. People's values have changed. The pursuit of equal and universal human rights, irrespective of race, colour, gender, or creed, is seen as important; the pursuit of correct doctrine is perceived as neither important nor achievable. Individual freedom to go your own way, even in sexual matters, provided you do not harm anyone else, is taken for granted.

Large numbers of men and women have abandoned organized religion, some because they have found it intellectually untenable, more because they have found it emotionally unsatisfying, most because they have found that its demands inhibit the personal freedom which they regard as a fundamental human right.

If Western Christianity has been most strongly affected, Western Judaism runs it a close second, for both have their home in the lands in which modernity and the Enlightenment were nurtured.

At the same time, religion has shown greater persistence and resilience than the humanists of a century ago believed that it would. Even in the

Soviet Union, seventy years of atheist propaganda and scorn for religion failed to eradicate religious sentiment. In the Jewish world, the demise of Hasidism was widely assumed, in the first half of the twentieth century, to be imminent, and to be speedily followed by the collapse of other forms of Orthodoxy, yet in the latter half of the century Hasidism experienced a revival, and even made considerable inroads into other Orthodox communities, and the *baal teshuva* movement, of 'reborn' Jews finding their religious roots, gained considerable momentum.

Judaism has been subjected to the same pressures, intellectual, social, and moral, as other religions, and has responded in similar ways. Yet world Jewry has found itself at the centre of two twentieth-century events which have affected it in unique ways. One of these is the trauma of the Shoah, or Holocaust – the systematic humiliation and genocide in the years 1933–44 of about six million Jews in Central Europe. The other is the establishment of the State of Israel.

In this chapter we will take a brief look at four areas in which Jewish thought has developed in the twentieth century.

Zionism, religion, and the State of Israel

Zionism – the idea of the return of the people Israel to the land of Israel – is clearly rooted in the Bible, where prophet after prophet assures the exiles in Babylon that they will be restored to their land. David Ben Gurion, who in 1948 became the first prime minister of the new state, declared in his testimony before the Peel Commission in 1937, when Britain held the League of Nations' Mandate for Palestine: 'It is not the mandate which is our Bible, but the Bible which is our mandate.'

Ben Gurion, for all his love of the Bible, was a secular Zionist (see above). Jewish theologians have been ambivalent in their commitment to modern political Zionism. Some, such as Rav Kook (Abraham Isaac Kook, 1865–1935, first Chief Rabbi of Palestine in modern times), have

Israel/Palestine

Political History since the fall of Jerusalem to the Romans in 70 CE.

The Bible defines boundaries for the Land of Israel on both sides of the Jordan, but it is not possible to identify the whole boundary with certainty. The name 'Palestine', also, has been applied to areas on both sides of the river. Modern Israel comprises about one ninth of the biblical land; Jordan, the 'occupied territories' (now under Palestinian self-rule), and parts of Lebanon and Syria account for the rest.

70–395	Direct Roman rule
c.395–638	Byzantine rule
614–627	Jewish rule under Persians
c.638–1072	Arab rule
1072–1099	Seljuq rule
1099–1291	Crusader rule (intermittent)
1291–1516	Mameluke rule
1517–1917	Ottoman Turkish rule
1920(22)–1948	British rule, under mandate from the League of Nations
29 November 1947	United Nations resolves that there should be partition of Palestine into independent but economically linked Jewish and Arab states with Jerusalem under an international regime. Partition accepted by Jews but rejected by Arabs.
14 May 1948	Proclamation of Independence of the State of Israel
15 May 1948	British mandate terminates, and five Arab armies invade Israel, initiating Israel's 'War of Independence'.

1956	Suez War
1967	Six Day War, provoked by Egyptian blockade of Israeli access to Red Sea. Israel defeats several Arab armies, reunites Jerusalem, and occupies Sinai, West Bank, Gaza, and Golan (Syria).
1969–70	'War of Attrition' against Israel
October 1973	The fifth ('Yom Kippur') Arab–Israeli War
26 March 1979	Egypt–Israel Peace Treaty signed in Washington
April 1982	Sinai formally returned to Egypt
June 1982	Israel launches war against PLO bases in Lebanon, and eventually establishes 'security zone' in Southern Lebanon
December 1987	Palestinian 'Intifada' (uprising) commences against Israeli rule in West Bank and Gaza.
1993	Agreement between Israel and the Palestinians signed in Oslo, paving the way for Palestinian self-rule
October 1994	Peace Agreement between Israel and Jordan
October 1995	Interim Accord ('Oslo II') between Israel and the Palestinians signed.

been amongst its main architects; they see modern Israel as the fulfilment, or at least the beginning of fulfilment, of biblical prophecy. Others, such as the *Hasidim* of Sotmar, say that only a state set up under the Messiah and governed in accordance with 'true' Torah could be the fulfilment of prophecy; modern Israel does not meet that criterion.

Many Jews, including secular ones, see Israel as the fulfilment of the 'national' aspirations of the Jewish people; after thousands of years of minority status, of being alienated from the host societies, and in many cases actually prevented from becoming full citizens of the lands in which they lived, they feel that they have at last 'come home' and are able to control their own destiny within the normal limitations of independent statehood. Israel is perceived as a secure haven for persecuted Jews; had Israel existed during the years of the Holocaust, Jews would have had somewhere to turn to. Moreover, Israel provides the opportunity to live a fulfilling Jewish life free from the inhibitions and restrictions of minority status.

The status quo

Israel's legal system is basically a secular creation, inherited from the British Mandate period. Israel has no written constitution, and relations between State and 'Church' are based on a status quo which has four components:

1. The Jewish Sabbath and festivals are the national public holidays.
2. Kosher food is the standard for public institutions.
3. Personal status (marriage, divorce, and some aspects of inheritance) is subject to the jurisdiction of the rabbinical courts. (For non-Jews, personal status is governed by their own religious courts or tribunals.)
4. State schools belong either to the National Secular stream or to the National Religious stream. (Again, other religious communities have their own institutions.)

A bill enacted by the Knesset on 23 July 1980 states: 'Where a court finds that a question requiring a decision cannot be answered by reference to an enactment or a judicial precedent or by way of analogy, it shall decide the case in the light of the principles of freedom, justice, equity and peace of the heritage of Israel.'

Since Jews lacked political independence and power for almost 2,000 years, including the whole formative period of rabbinic Judaism, theologians have had to seek answers to a host of problems in 'Church–State' relationships which did not arise in practical form earlier.

There are many lively debates in contemporary Israel.

How far is it right to go in urging public compliance with religious standards? At what stage does the law of a democratically elected legislature cross the boundary into religious coercion?

Should marriages continue to be regulated by the religious courts, or should there be secular registration of marriages?

What are the implications of equal treatment before the law for religious minorities including 'dissidents' of one's own faith? In particular, why do Reform and Conservative rabbis not have the right to perform marriages equally with Orthodox rabbis, or, for that matter, with Christian and Muslim religious officials?

What should be done about issues such as abortion, medical experimentation, and autopsies, on which traditional Jewish law places severe restrictions?

How should external relations with countries of other faiths be conducted?

Is there such a thing as a 'just war', and if so, what are the conditions of engagement? Out of this debate emerged the novel concept of *tohar ha-nesheq* ('purity of arms'), which demands *inter alia* that the fighting force take special risks to avoid harm to non-combatants and to minimize enemy casualties.

In what form and under what circumstances should one supply either arms or alms to other nations?

Are all Jews obliged to live in the Land of Israel?

Israelis read the Bible and rabbinic literature as part of the history of their people, even if they are not personally religious. The common heritage of secular and religious Israelis heightens rather than diminishes the acrimony of debate, for the secular and the religious read that heritage in very different ways. Cynics remark that, if it were not for the cooperation demanded for military defence, the country would tear itself apart in controversy between the religious and the secular; undoubtedly the tensions are great.

Holocaust theology

Holocaust theology as a genre developed in the 1970s, but the foundation of Jewish attitudes to evil and suffering lies in scripture and has been a constant theme in Jewish theology.

The principle of *Kiddush Hashem* (sanctification of God's name) lays down that a Jew must be prepared to sacrifice his life rather than collaborate in murder, sexual immorality, or idolatry. Remarkably, many Jews, even under the extreme pressures of the Shoah, succeeded in maintaining a high standard of moral integrity, and, in accordance with the *halakha* (religious law), refusing all collaboration with their oppressors. They gave witness to God and their faith. Others were less steadfast; all were victims, not all were martyrs.

Rabbi Ephraim Oshry survived the Holocaust in the ghetto of Kovno, Lithuania. There, people approached him with their questions. He committed the questions and answers to writing on paper torn surreptitiously from cement sacks, and hid the writing in cans which he retrieved after the war: 'The daily life of the ghetto, the food we ate, the

13. These Jews may have been told they were going to a 'holiday camp'; in fact they were on their way to the largest and most ruthlessly efficient Death Factory in history. Estimates of the number who perished in Auschwitz range from two to four million. About 200,000 were non-Jews, including many Polish intellectuals and patriots; the remainder were Jews.

crowded quarters we shared, the rags on our feet, the lice in our skin, the relationships between men and women – all this was contained within the specifics of the questions . . .'

Amongst his titles are: 'Jews Forced to Shred a Torah Scroll', 'Sabbath Torah Reading for Slave Laborers', 'The Blessing for Martyrdom', 'Saving Oneself with a Baptismal Certificate', 'Contraceptives in the Ghetto', 'The Repentant Kapo'. Here is one short question and answer to illustrate how the traditional process of *halakha* gave sacred meaning to the lives and deaths of the victims.

'We Jews of the ghetto of Kovno . . . were enslaved by the Germans; were worked to the bone night and day without rest; were starved and were paid nothing. The German enemy decreed our total annihilation. We were completely dispensable. Most would die.' So was it proper to recite the customary blessing in the morning prayers thanking God 'who has not made me a slave'?

Oshry replied: 'One of the earliest commentators on the prayers points out that this blessing was not formulated in order to praise God for our physical liberty but rather for our spiritual liberty. I therefore ruled that we might not skip or alter this blessing under any circumstances. On the contrary, despite our physical captivity, we were more obligated than ever to recite the blessing to show our enemies that as a people we were spiritually free.'

Traditional explanations of suffering depend for their cogency not only on a strong sense of guilt, but also on the belief in life after death. This belief, whether expressed as bodily resurrection, eternal life of the spirit, or some combination, remains central in orthodox teaching. Some Jews, perhaps influenced by kabbala, have adopted the concept of reincarnation to explain the suffering of the apparently innocent, such as children.

Some regard the Holocaust as an act of God's righteous judgement on

Facts of the Holocaust

Many people prefer to use the Hebrew term *Shoah* (destruction) to denote the Nazi attempt to exterminate the Jews, since it is less theologically 'loaded' than 'Holocaust'.

Immediately on coming to power in 1933 Hitler began to enact the anti-Jewish legislation he had promised; anybody with one or more Jewish grandparent was defined as racially Jewish. Books by Jewish authors were burned, Jewish businesses boycotted, Jews excluded from the professions; the 1935 Nuremberg Laws consolidated this legislation and extended it to Austria and Czechoslovakia. On Kristallnacht, 9–10 November 1938, synagogues were burnt down, Jewish businesses looted, and thousands of Jews were sent to concentration camps.

Following the invasion of Poland Jews were herded into ghettos where many were murdered and others died from the appalling conditions.

At Wannsee (Berlin) in 1942 the decision was taken to implement the *Endlösung* ('Final Solution'), that is physically to exterminate all Jews. Extermination camps were established at Auschwitz, Belsen and elsewhere in Central Europe and Jews transported to them in inhuman conditions to be killed, generally by gassing followed by mass cremation; able-bodied Jews were subjected to forced labour under slave conditions before being killed. A systematic policy of humiliation and degradation was practised prior to the actual killing. In all, about six million Jews perished, perhaps two thirds of the Jewish population of Europe and one third of the world Jewish population.

Others perished also; but only the Jews, and perhaps some Gypsy groups, were singled out for total annihilation purely on account of 'race'.

the faithlessness of Israel to the covenant of Torah exemplified by apostasy, assimilation, and Reform; most Jews regard such remarks as insulting to both the dead and the survivors.

'It is clear beyond all doubt that the blessed Holy One is the ruler of the universe, and we must accept the judgement with love . . .' These words of the Hungarian Rabbi Shmuel David Ungar exactly express the simple faith of those who entered the gas chambers with *Ani Ma'amin* (the declaration of faith as formulated by Maimonides) or *Shema Israel* (Deut. 6: 4–9, declaring God's unity and the duty to love Him and obey His commandments) on their lips. What was happening defied their understanding, but their faith triumphed over evil and they were ready, in the traditional phrase, to 'sanctify the name of God' – *Kiddush Hashem*. God's love was proclaimed even in the depths of destruction.

The sense of the apocalyptic, of being part of the events heralding the Messiah and the final Redemption, was strong amongst the orthodox victims of the Shoah, and has become stronger since. Religious Zionists interpreted the Shoah and the strife surrounding the emergence of the State of Israel as 'birth pangs of the Messiah'.

The idea of God being 'hidden' features strongly, perhaps because of its full development by the mystics (kabbalists). It links with the midrashic idea of God, or rather the *Shekhina*, being 'in exile' with Israel, for 'I am with him in his distress' (Ps. 91: 15).

Elie Wiesel is perhaps the best known and most easily approachable writer on the Shoah. His stories are a 'narrative exegesis' of the Shoah. In the story *Night* the poignant question 'Where is God?' is answered by pointing to a Jewish child hanging on a gallows; suffering is seen to lead to salvation. In his play *The Trial*, a great anger against God is expressed; God himself is put on trial, yet at the end, when He is pronounced guilty, the 'judges' arise and say 'let us now pray'.

Richard Rubenstein was driven by reflection on the Shoah to reject the traditional idea of God as the 'Lord of history'. God simply failed to intervene to save his faithful. Though denying atheism, he urges both Christians and Jews to adopt non-theistic forms of religion, based on pagan or Asian models, and finds deep spiritual resources within the symbolism of Temple sacrifice.

Emil Fackenheim grounds his theology in the actual resistance of Shoah victims to whom no realistic hope remained: 'A philosophical Tikkun ['repair', 'restoration'] is possible after the Holocaust because a philosophical Tikkun already took place, however fragmentarily, during the Holocaust itself'; the rebirth of Israel, and a new constructive dialogue with a self-critical Christianity, are essential to this process. Fackenheim is also noted for his statement that there should be a 614th commandment, surplus to the 613 of tradition – to survive as Jews, to remember, never to despair of God, lest we hand Hitler a posthumous victory.

J. D. Soloveitchik was more poetic, and more traditional in his understanding of God and history: 'In the heart of the night of terror . . . a night of Hiddenness . . . of Doubts and Apostasy . . . came a knock on the door, the knock of the beloved . . . Seven great reversals in Jewish life, seven miracles, commenced – political, military, cultural, theological, life-value, citizenship, and the new fertility of the land of Israel.'

To a surprising degree the answers given by the Holocaust theologians are *the same answers* as those to be found in earlier traditional sources; most are variations on the theme of redemption through suffering, worked out with insights arising from modern psychological and sociological perspectives and applied, often with great sensitivity, to the present situation of the Jewish people. Even those responses, such as that of Rubenstein, which demand radical revision of the traditional concept of God, follow an older theological trend sparked off in reaction to Nietzsche.

God

Why do Jews read Psalm 48, celebrating God's deliverance of Jerusalem from the Assyrian invasion, on Mondays? Israel Lipschütz (1782–1860), famous for his *Commentary* on the Mishna and for frequently fasting three days in succession, suggested that it follows the Sunday Psalm of Creation (Psalm 24) to indicate that God did not 'retire into the firmament and ignore His children' after creation, but bent heaven down to reveal His presence at Sinai.

Packed into this remark are two sharp criticisms. He is rejecting the approach of much of Jewish (as well as Christian and Muslim) medieval philosophy of religion, where God functions as the abstract First Cause or Source of Being, infinitely beyond our powers of comprehension. He is also rejecting a philosophy, Deism, highly popular in the eighteenth century, which admitted the existence of God but regarded him as infinitely remote, unconcerned with the events of our daily lives, and indifferent to the dogma over which religions quarrel. Lipschütz's God is approachable (if demanding), and cares so deeply how 'His children' conduct their lives that He has condescended to reveal the best way to them.

Lipschütz recaptures the God of the Bible and rabbinic tradition, a 'living' God, deeply involved in interaction with humankind. Most subsequent Jewish thinkers have taken this line, ignoring the abstractions and definitions and proofs of existence advanced by the medieval philosophers.

But once you speak of a God who cares, and who interacts, you start to give Him a character. For Reform thinkers such as Hermann Cohen (see p. 102) and Leo Baeck, or a 'modern Orthodox' rabbi such as Samson Raphael Hirsch, God is the God of ethics; they interpret the Torah – even, in Hirsch's case, the most abstruse details of the sacrificial system – as being primarily concerned with ethical values, and hence Israel's mission as to proclaim ethics in the world.

Martin Buber and Emanuel Lévinas put their faith in the God of relationships. *Alles Leben ist Begegnung* ('all life is encounter'), declared Buber, and the important thing is to get your relationship with God and with people right (I–Thou, rather than I–It); from that relationship, which is the essence of Revelation, ethical action flows; laws and rules are feeble attempts to capture revelation, and doomed to inadequacy.

And there are yet more Gods. There is the non-supernatural God whose existence is expressed in the evolving civilization of Judaism (M. M. Kaplan); the transcendent God of *Halakha*, whose supreme revelation is through a perfect, a priori system of law, that confronts and heals the division between the world of science and the world of religion (J. D. Soloveitchik); the 'anthropopathic' God who empathizes with our feelings, shares our hopes and joys and distress and suffering (A. J. Heschel); the God of the Covenant, whose ethical and religious demands are known through his covenental relationship with a community (Borowitz, Novak, Hartman); the God who failed to intervene to rescue the victims of the Holocaust, yet in whose silence and apparent impotence we discover our inmost spirituality (Rubenstein, Kushner); there is even 'the abusing God' (David Blumenthal), with whom we must seek reconciliation as with a parent at whose hand we have suffered.

Whichever it is, God is very much there, alive, interacting. She is not dead. Which brings us to the next point.

Feminism

Economic and social changes in the wake of the Enlightenment and the Industrial Revolution spawned the women's rights movement, also known as feminism or women's liberation, in late eighteenth-century

Europe; women's republican clubs in Revolutionary France pleaded that 'liberty, equality, and fraternity' should apply to all, regardless of sex.

Scientific studies have suggested that many alleged differences between men and women are cultural artefacts rather than physiologically determined characteristics. Language itself, by using the male gender for collective forms, is seen to perpetuate the 'invisibility' or 'otherness' of women, and subordinate them to men. Women's groups have urged the sharing by men of domestic roles, legalization of abortion, and the recognition of lesbian rights. How has all this impacted on Judaism?

The Bible, the Talmud, and pre-modern Judaism take for granted a patriarchal, authoritarian model for society. The creation story of Genesis 2–3, with an Eve moulded from Adam's rib and yielding to temptation, shows the loss of the ideal and justifies the placing of Eve under Adam's authority. Women are prominent or influential either in some 'feminine' capacity (the matriarchs, and Miriam, Ruth, Esther) or as exceptional individuals, whether good (Deborah the Judge, Huldah the prophetess) or bad (Queen Athaliah). God is overwhelmingly male.

But Genesis 1: 27 states clearly enough: 'So God created humankind in his own image; in the image of God he created him; male and female he created them.' This implies that in using our concept of God to model human behaviour we should not distinguish between male and female. Consistent with this, the rabbinic formulation of the 'imitation of God' incorporates virtues associated with female as well as male roles: 'How can a person walk after God? Is it not written "For the Lord your God is a consuming fire"? But follow God's attributes. As He clothes the naked . . . as He visits the sick . . . comforts the bereaved . . . buries the dead . . . so should you.' Distinctively male characteristics are indeed absent from the list. It is God's care and compassion that we are exhorted to copy, not his vengeance and imposition of justice.

If the availability of feminine imagery of God within Jewish tradition is limited, does it make sense to create new images? Rita M. Gross has urged that familiar forms of addressing God in prayer should be transposed to the feminine. For instance *ha-qedosha berukha hi* – 'the Holy One, blessed be She' – should be used in place of the current masculine form. She lists five basic goddess images that need translating into Jewish terms:

- the 'coincidence of opposites' or 'ambiguity symbolism'
- images of God the Mother, which must be joined with
- the goddess of motherhood and culture, twin aspects of creativity
- goddess as giver of wisdom and patron of scholarship and learning
- the assertion of sexuality as an aspect of divinity.

She sums up:

> Dimensions of deity that have been lost or severely attenuated during the long centuries when we spoke of God as if S/He were only a male are restored. They seem to have to do with acceptance of immanence, with nature and the cyclic round. Metaphors of enclosure, inner spaces, and curved lines seem to predominate. What a relief from the partial truth of intervention and transcendence; of history and linear time; of going forth, exposure and straight lines!

Reconstructionist Judaism has had full equality for women since it began in 1968, and has gone further than any other denomination in formulating worship in non-sexist forms. Reform has gradually achieved equality, and many Reform congregations have attempted the required liturgical reform; for instance, the prayer 'God of our fathers, Abraham, Isaac and Jacob' has become 'God of our ancestors: of Abraham, Isaac, and Jacob; of Sarah, Rebekah, Rachel, and Leah'. Conservative Judaism has struggled to achieve equality whilst retaining fidelity to *halakha*; its decision in 1983 to ordain women rabbis caused a split in the movement.

Orthodoxy retains segregated seating in the synagogue, does not call women to the Torah or count them in the prayer quorum let alone ordain them as rabbis, and retains other aspects of traditional *halakha* which appear to denigrate women. Yet even the Orthodox have not remained unaffected by the women's movement; they have improved women's educational facilities and allowed and even encouraged women to take part in public affairs where this is not seen as incompatible with *halakha*. Of note are the Beis Yaakov movement, originating in Poland early in the century to develop girls' education, and the more recent *Rosh Hodesh* (New Moon) movement which has encouraged women's prayer groups and educational activities and, along with other groups, taken vigorous action to secure the acknowledgement of women's rights in the Orthodox community.

Chapter 9

'Eternal law', changing times

We've almost made it. For our final chapter let's take a quick, alphabetic look at some examples of how *poskim* (rabbis who decide the law) have drawn on traditional sources to tackle contemporary problems. This is a crucial exercise. If the Torah is indeed an 'eternal law' as believers claim, it must be possible to obtain guidance from it at all times and in all places. General moral principles are easy enough to derive from the Bible and Talmud, but they don't easily yield clear answers to specific questions.

In Judaism, you find specific answers to your questions through *halakha*, 'law', the process of legal reasoning based on sources and precedents.

Modern advances in the biological sciences and medical technology have generated economic, legal, and ethical questions, few of which were contemplated when the sources of Jewish law were formulated. Our illustrations will all be drawn from this challenging field, in which many thousands of rabbinic *Responsa* (Questions and Answers) have now been published. Hospitals such as Shaare Zedek in Jerusalem have allowed the *halakhic* rulings to be put to the test; academic institutions such as Ben Gurion University in Beer Sheva have chairs in Jewish Medical Ethics; rabbinic organizations such as the Rabbinical Council of America issue regular updates on medical *halakha*; and books and articles on the ethics and *halakha* of medicine are authored by experts from all Jewish denominations.

Conservative and Orthodox rabbis claim to base their decisions on *halakha*, Conservatives laying more stress on historical context.

Not everyone is convinced that the *halakhic* process is sound. Daniel H. Gordis has suggested that the real objections of the Orthodox to artificial insemination by donor (AID) arise not from a genuine *halakhic* argument but from revulsion at the notion of a married woman being impregnated by another man's sperm; they are concerned, rightly, about issues of sexuality, parenthood, and the nature of marriage. 'But if *these* are the issues underlying our objection to AID' comments Gordis, 'we should say so clearly and discuss those issues on their own merits, rather than obscuring the salient halakhic issue by reference to secondary ones.' He therefore favours using the resources of *halakha* not as a system of rules to be subjected to analysis, but as a stockpile to be scoured for its implicit concepts of humanness, of being made in the divine image; it is these concepts on which we should base our decisions in medical ethics. This is roughly the Reform and Reconstructionist position.

Elliott Dorff, focusing on issues at the end of life, finds both the Orthodox and Reform positions unsatisfactory. The Orthodox are dominated by rules and precedents which they misapply or arbitrarily extrapolate because they do not allow sufficiently for the differences between the times in which the precedents were set and the radically different medical situation of our time; the Reform fail because their appeal to concepts such as 'covenantal responsibility' lacks the discipline of *halakha* and is ultimately indistinguishable from liberal secular ethics. His own preference, which he sees as that of the Conservative movement in general, is for a three-stage approach. First, the Jewish conceptual and legal sources must be studied in their historical contexts. On this basis, one can identify the relevant differences between our own situation and that in which the texts were formulated. Then and only then can one apply the sources to the contemporary issue, using not only purely legal reasoning but 'theological deliberations concerning our nature as human beings created by, and in the image of, God'.

Abortion

Foeticide is forbidden in Jewish law, but it is not regarded as homicide. Since it is not homicide, the possibility arises that if giving birth would threaten the mother's life, foeticide would be preferable to letting nature take its course and thereby risking the mother's life. This basic principle governing abortion was formulated in the Mishna (see pp. 33–4): 'If a woman had difficulty in giving birth, they may cut up the child inside her and bring it out piece by piece, since her life has priority over its life. But if the greater part had already come out (been born) they may not touch (harm) it, for one may not set aside one life for another.'

Prima facie, the woman in childbirth appears to be in the situation of a victim pursued by an aggressor, where the law is that the victim should be saved, even if it is necessary to take the life of the pursuer to achieve this. But the same logic would apply even if 'the greater part had been born', for the baby is as much a 'pursuer' as the foetus. The seventeenth-century Polish rabbi Joshua Falk solved this by saying that a baby in the process of birth is not categorized as a pursuer since this is 'the nature of the world', and therefore the mother's life does not have priority over the baby's; but an unborn foetus is not yet in the full sense of the word a *nefesh* (literally 'soul', used here in the sense of 'human person'), so that, although the foetus may not wantonly be killed, he or she remains a 'pursuer'.

Yair Hayyim Bacharach (1638–1701) ruled that, if it were not for the need to promote high moral standards and discourage promiscuity, it would be permissible for a woman who had conceived a child in adultery to take an abortificant to destroy the 'accursed seed within her'. In the following century Jacob Emden raised the question of whether a woman who had conceived a child in adultery might have an abortion to save her from the 'great distress' even though her life was not in danger. Later authorities have been prepared to consider abortion, particularly where the foetus is less than forty days old, if great distress or shame would be caused to the mother by bringing the pregnancy to full term.

The debate came to a head with a dispute between two of the leading *poskim* of the twentieth century, Moshe Feinstein (1895–1986) and Eliezer Yehuda Waldenburg, as to whether it was permitted to abort a foetus known to have Tay-Sachs disease, a congenital condition involving physical and mental retardation, loss of sight and hearing, and death by the age of 3 or 4. Waldenburg, citing Emden's precedent, permitted abortion even as late as the seventh month, to avoid the 'great distress' to both mother and child from such a tragic birth. Feinstein opposed this, since no direct threat was involved to the mother's life, and abortion, though not technically homicide, is definitely forbidden under normal circumstances as a form of homicide. Feinstein was clearly concerned by the growing tendency in the USA at that time to permit abortion on medical, social, and 'private' grounds; in his evidently strong moral concern he takes a firm stance against the permissiveness of the age.

None of the *halakhic* arguments for or against abortion has to do with the rights of women over their bodies or, for that matter, with the rights of men over their womenfolk. The issue concerns only (*a*) the woman's own right to life, and (*b*) the rights of an embyro or foetus. Where these rights conflict it is necessary to enquire into the strength of the rights of the embryo or foetus; though some rights may be acquired at conception the full range and full force of human rights commences only at birth.

No Jewish authority permits abortion simply as a method of birth control.

Artificial insemination

Halakha faces three problems in considering the permissibility or otherwise of artificial insemination by donor:

1. Is the child of a married women who became pregnant from a man other than her husband, but without a normal act of intercourse, a *mamzer* (illegitimate)? Put another way, is the woman an adulteress?
2. Even if the woman's own husband was the donor, could the insemination take place when she is still *niddah* (technically in a state of menstruation, not having bathed in a *mikveh* since her last period)?
3. Since masturbation is in other circumstances forbidden, how should sperm be obtained from the husband or donor?

Although artificial insemination appears to be a novel problem of the twentieth century, precedent was found in a Talmudic reference to the possibility of a virgin who had conceived 'in a bath place' – that is, by accidentally absorbing sperm deposited there. The case was much discussed in the Middle Ages; Simon ben Zemah Duran (1361–1444) reports that 'a number of non-Jews' as well as another rabbi had told him of virgins they knew of who had become pregnant in this manner. Simon may have been unduly credulous, but even if the incidents were purely imaginary the legal precedents were set.

Rabbi Moshe Feinstein argued that, where there was no forbidden sexual act, no adultery could be deemed to have taken place and therefore a child conceived in such a way would not be a *mamzer*. Whilst not positively encouraging anyone to practise artificial insemination, he argued that it was not actually forbidden.

Feinstein was bitterly attacked for his permissiveness by Rabbi Jacob Breisch, who castigated artificial insemination by a donor as abominable, forbidden, and disgusting, whilst conceding that the child could not be considered a *mamzer* nor its mother an adulteress, and that artificial insemination by the husband might be permitted. Breisch's opposition seems to have been based more on a sort of Jewish public-relations concern than on a specific *halakha* to do with insemination; he felt that Jews should not appear more permissive in moral issues than Christians, and, as the Catholic Church had condemned artificial insemination, it would degrade Judaism if Jews were to be more lax. Feinstein rejected this argument out of hand, possibly reflecting a difference between American and European attitudes.

Joel Teitelbaum, the Hasidic rabbi of Satmar, and Feinstein's sharpest opponent, took the position that adultery was constituted by the deposition, by whatever means, of a man's sperm in a woman married to someone else. Feinstein had no difficulty in demonstrating the absence of *halakhic* support for such a position.

Euthanasia

Three types of 'mercy killing' may be considered. Eugenic euthanasia – that is, the killing of handicapped or 'socially undesirable' individuals – is in no way countenanced in Judaism. Debate centres on (*a*) active euthanasia, where a drug or other treatment is administered to hasten the patient's release from suffering, or (*b*) passive euthanasia, where therapy is withheld and the patient is allowed to die naturally.

An early rabbinic source unequivocally states that 'One who is dying is regarded as a living person in all respects . . . one may not bind his jaws, stop up his openings . . . Move him . . . One may not close the eyes of the dying person. If anyone touches or moves them it is as if he shed blood, as Rabbi Meir said, "This is like a flickering flame; as soon as anyone touches it, it goes out." Likewise, if anyone closes the eyes of the dying it is as if he had taken his life.' The main Codes rule that if something – for instance, the noise of chopping wood – is preventing 'the soul from departing', one may cease the activity in order to ease death.

These two rulings establish the distinction between active and passive euthanasia, and much subsequent *halakha* hinges on refining and applying the distinction to contemporary situations. Active euthanasia is generally regarded as murder; passive euthanasia may sometimes be permitted. Physicians are urged to do their utmost to save and prolong life, even for a short time, and even if the patient is suffering great distress. Some authorities maintain that withdrawal of life-support is unlike 'removing the noise of chopping wood' referred to in the classical sources; life-support is positive therapy, whereas extraneous noise is simply an obstacle to death. Others are not so sure of the distinction.

Waldenburg permitted the use of narcotics and analgesics to relieve the pain of the dying even though these drugs might depress the activity of the respiratory system and hasten death, provided the intention of administering the drugs was solely to relieve pain. Moreover, one may not initiate artificial life-support for a patient who is incurably and irreversibly ill, though, where artificial life-support apparatus has been connected, it may not be disconnected until the patient is dead according to the criteria of *halakha*. To evade the harshness of the latter ruling, Waldenburg made the novel suggestion that respirators be set with automatic time clocks; since they would disconnect automatically after the set period, a positive decision would be required to continue their operation, and this would not be done unless there was now hope of cure.

The twelfth-century Tosafist Jacob Tam seems to imply that it is permitted actively to take one's own life to avoid excessive torture, though it is unclear whether he meant this only in those circumstances where the suicide is primarily intended to save the individual from worse sin. Byron L. Sherwin has cited this and similar rulings as a basis for reconsidering the case for active euthanasia; such arguments have made little headway amongst the Orthodox, though Conservative and Reform Jews have been more amenable.

Even though one may not take active, or in many cases even passive, measures to hasten the death of one who is suffering, many halakhists argue that it is permissible to pray for his or her release; the Talmud itself records, apparently with approval, that the maidservant of Judah Ha-Nasi (see p. 32), when she saw his agony, prayed 'Those above [i.e. the angels] seek the master, and those below [i.e. the friends and disciples of Judah] seek him; may those above overcome those below.' The nineteenth-century Turkish rabbi Hayyim Palaggi observed that this should be done only by persons who are not related to the sufferer; relatives might be improperly motivated.

Surrogate motherhood

In Jewish law both maternity and paternity are tied to the 'natural' parent, and this cannot be changed by a court even by a process of adoption. If a woman gives birth to a baby from an implanted ovary, an implanted egg, or a foetal transplant, the baby is not genetically hers. So far as respect of parents is concerned, even an adoptive parent must be respected. But how does the hiatus between genetic and gestational motherhood affect inheritance, incest, and redemption of the first born?

The present Orthodox consensus appears to be that if conception and implantation occurred in a woman's body, the child is hers even if the foetus was subsequently transplanted; some hold that this applies only if the transfer took place more than forty days after conception, since until forty days after conception the foetus was 'mere water'. If conception occurred *in vitro*, the mother is the woman in whom the embryo was implanted and who gave birth to the child. Children conceived by a woman who had received an ovarian transplant are hers.

Evidently, the Orthodox have decided to ignore genetic considerations; at least, their position accords with the sources, which are of course ignorant of genetics. The Talmudic understanding of the roles of the sexes in reproduction was not that father and mother contributed complementary sets of genes but rather that the father provided the 'seed' and the mother the 'soil' in which the child was nurtured. Thus J. David Bleich is in error when he concludes from analysis of a Talmudic passage that 'Maternal identity is established in the first instance by production of the gamete'; the gamete, and even the ovum, are unknown in the traditional sources of *halakha*.

Conclusion

Similar illustrations could be drawn from almost every field of contemporary life, as *poskim* seek guidance from Bible, Talmud, and rabbinic tradition in such manners as the status of women, the conduct of warfare, the ethics of commerce, the protection of the environment, and all aspects of human relationships and religious ritual. In each of these fields the different approaches to use of sources by Orthodox, Conservative, and Reform reappear.

Add to this programme of decision-making the philosophical and theological speculation by which traditional teaching is rendered intelligible in the modern world, the soul-searching demanded in the aftermath of the Shoah, and the challenge of the novel experience for Jews of political empowerment. Never – certainly not since the days of Late Antiquity – has the Jewish world experienced such intellectual and emotional turbulence.

Yet never has it produced such vigorous responses. Our brief look at Judaism has indicated something of the wealth and variety of these responses, which give testimony to the ongoing vitality of an ancient tradition always ready to renew itself in a changing world.

The way ahead will not be easy. Peace remains elusive in the Land of Israel, diaspora Jewry suffers from assimilation and diminishing numbers, and religious and political divisions persist. Yet only the mean of spirit will fail to discern within the turmoil a sense of rediscovery and renewal which bode well for the future of a historic faith and people.

Appendix A
The Thirteen Principles of the Faith

First formulated by Moses Maimonides in his *Commentary on the Mishna* composed *c.*1160.

I believe with perfect faith that:

1. The Creator is Author and Guide of everything that exists.
2. The Creator is One; His unity is unlike that of anything else; He is our God and exists eternally.
3. The Creator has no body or physical characteristics, and cannot be compared with anything that exists.
4. The Creator is first and last of all beings.
5. It is right to pray to the Creator, but to no other being.
6. All the words of the prophets are true.
7. The prophecy of Moses is true, and He was the father (that is, the greatest) of all prophets, both before and after Him.
8. The Torah now in our possession is that given to Moses.
9. The Torah will not be changed, nor will the Creator give any other Torah.
10. The Creator knows the deeds and thoughts of people.
11. He rewards those who keep His commandments, and punishes those who disobey.
12. Though the Messiah delay, one must constantly expect His coming.
13. The dead will be resurrected.

Appendix B
The 'Philadelphia Platform' of Reform Judaism

The Philadelphia Conference, 3–6 November, 1869.

Statement of Principles

1. The Messianic aim of Israel is not the restoration of the old Jewish state under a descendant of David, involving a second separation from the nations of the earth, but the union of all the children of God in the confession of the unity of God, so as to realize the unity of all rational creatures and their call to moral sanctification.
2. We look upon the destruction of the second Jewish commonwealth not as a punishment for the sinfulness of Israel, but as a result of the divine purpose revealed to Abraham, which, as has become ever clearer in the course of the world's history, consists in the dispersion of the Jews to all parts of the earth, for the realization of their high-priestly mission, to lead the nations to the true knowledge and worship of God.
3. The Aaronic priesthood and the Mosaic sacrificial cult were preparatory steps to the real priesthood of the whole people, which began with the dispersion of the Jews, and to the sacrifices of sincere devotion and moral sanctification, which alone are pleasing and acceptable to the Most Holy. These institutions, preparatory to higher religiosity, were consigned to the past, once for all, with the destruction of the Second Temple, and only in this

sense – as educational influences in the past – are they to be mentioned in our prayers.

4. Every distinction between Aaronides and non-Aaronides, as far as religious rites and duties are concerned, is consequently inadmissible, both in the religious cult and in social life.
5. The selection of Israel as the people of religion, as the bearer of the highest idea of humanity, is still, as ever, to be strongly emphasized, and for this very reason, whenever this is mentioned, it shall be done with full emphasis laid on the world-embracing mission of Israel and the love of God for all His children.
6. The belief in the bodily resurrection has no religious foundation, and the doctrine of immortality refers to the after-existence of the soul only.
7. Urgently as the cultivation of the Hebrew language, in which the treasures of the divine revelation were given and the immortal remains of a literature that influences all civilized nations are preserved, must always be desired by us in fulfilment of a sacred duty, yet it has become unintelligible to the vast majority of our coreligionists; therefore, as is advisable under existing circumstances, it must give way in prayer to intelligible language, which prayer, if not understood, is a soulless form.

The conference also passed resolutions on marriage and divorce, and whilst accepting the matrilineal principle for determining Jewish status, emphasized that the child of a Jewish mother was Jewish even if an uncircumcised male.

Suggestions for Further Reading

One of the easiest ways to find out more about Judaism is to browse through the pages of the 20 volume English language *Encyclopedia Judaica*, published in Jerusalem in 1972. There are also numerous single volume dictionaries and enclopaedias available, including a one-volume edition of the *Judaica*.

Try to meet Jews and talk to them, read the Jewish Press, absorb what you can through the novels and stories of writers such as Isaac Bashevis Singer, Chaim Potok, and Elie Wiesel. Videos and CDs with Jewish content abound, and the Internet has innumerable sites with an interest in Jews, Judaism, or Israel.

A word of warning, though. Translations are available of classics of rabbinic Judaism including the Talmud. But if you really want to delve into the primary sources, even in translation, you will need a teacher. It is not that the texts are deliberately obscure, but rather that the whole way of thinking relates to a civilization very different from our own, and you need an expert to 'unpack' the meaning for you.

The following chapter by chapter suggestions are for those who want to follow up ideas in this book:

Introduction

Klenicki, Leon, and Wigoder, Geoffrey, *A Dictionary of the Jewish–Christian Dialogue* (New York: Paulist Press, 1984).

Kochan, Lionel, *The Jew and his History* (New York: Schocken Books, 1977).

Chapter 1

Lewis, Bernard, *The Jews of Islam* (Princeton NJ: Princeton University Press, 1984).

Meyer, Michael A., *Jewish Identity in the Modern World* (Seattle & London: University of Washington Press, 1990).

Webber, Jonathan (ed.), *Jewish Identities in the New Europe* (London and Washington: Oxford Centre for Hebrew and Jewish Studies with the Littman Library of Jewish Civilization, 1994).

Chapter 2

Shanks, Hershel (ed.), *Christianity and Rabbinic Judaism: A Parallel History of Their Origins and Early Development* (Washington: Biblical Archaeology Society, 1992).

Neusner, Jacob, *Vanquished Nation, Broken Spirit: The Virtues of the Heart in Formative Judaism* (Cambridge, London, etc.: Cambridge University Press, 1987).

Saperstein, Marc, *Moments of Crisis in Jewish-Christian Relations* (London/Philadelphia: SCM Press/Trinity Press International, 1989).

De Lange, Nicholas, *Origen and the Jews* (Cambridge: Cambridge University Press, 1976).

Chapter 3

Urbach, Ephraim E., tr. I. Abrahams, *The Sages* (Cambridge, MA and London: Harvard University Press, 1987).

Saadia, Gaon, tr. Samuel Rosenblatt, *The Book of Beliefs and Opinions* (New Haven: Yale University Press and London: Oxford University Press, 1948).

Twersky, I. (ed.), *A Maimonides Reader* (New York: Behrman House, 1972).
Sorkin, David, *Moses Mendelssohn and the Religious Enlightenment* (London: Peter Halban, 1996).

Chapter 4

Agnon, S. Y., *Days of Awe* (New York: Schocken Books, 1965).
Greenberg, Irving, *The Jewish Way: Living the Holidays* (New York, London: Summit Books, 1988).
The Jewish Catalog, complied and edited by Richard Siegel and others. (Philadelphia; Jewish Publication Society of America.) The first *Catalog* is undated, the second is 1976. These *Catalogs* and their successors are lively 'do-it-yourself kits' of resources for practical Judaism.

Chapter 5

The Daily Prayer Book of the United Hebrew Congregations of the British Commonwealth of Nations (Centenary Edition; London: Singer's Prayer Book Publication Committee, 1990).
Siddur Lev Chadash (Prayer Book) (Union of Liberal and Progressive Synagogues, London 1995/5755).
Green, Arthur S. (ed.), *Jewish Spirituality* (2 vols.) (New York: Routledge & Kegan Paul and London: SCM, 1987).
Jacobs, Louis, *Hasidic Prayer; With a new introduction* (London and Washington: Littman Library of Jewish Civilization, 1993 (2nd edition)).
Umansky, Ellen, and Ashton, Dianne, *Four Centuries of Jewish Women's Spirituality: A Sourcebook* (Boston: Beacon Press, 1992).

Chapter 6

Geffen, Rela M. (ed.), *Celebration and Renewal: Rites of Passage in Judaism* (Philadelphia and Jerusalem: Jewish Publication Society, 1993).

Chapter 7

Meyer, Michael A., *Response to Modernity: A History of the Reform*

Movement in Judaism (New York, Oxford: Oxford University Press, 1988).
The Jew in the Modern World: A Documentary History, Paul Mendes-Flohr and Yehuda Reinharz (eds.) (New York and Oxford: Oxford University Press, 1980).
Alpert, Rebecca T., and Staub, Jacob J., *Exploring Judaism: A Reconstructionist Approach* (New York: Reconstructionist Press, 1985).
Raphael, M. L., *Profiles in American Judaism: The Reform, Conservative, Orthodox and Reconstructionist Traditions in Historical Perspective* (San Francisco: 1984).
Bulka, R. (ed.), *Dimensions of Orthodox Judaism* (New York: 1983).

Chapter 8

Vital, David, *The Origins of Zionism* (Oxford: Clarendon Press, 1975).
Marrus, Michael, *The Holocaust in History* (Penguin Books, 1987).
Blumenthal, David J., *Facing the Abusing* God (Louisville KY: Westminster/John Knox, 1993).
Plaskow, Judith, *Standing Again at Sinai: Judaism from a Feminist Perspective* (San Francisco: Harper, 1991).
Contemporary Jewish Religious Thought, Arthur Cohen and Paul Mendes-Flohr (eds.) (New York: Free Press, 1987).

Chapter 9

Bleich, J. David, *Bioethical Dilemmas: A Jewish Perspective* (Hoboken NJ: Ktav, 1998).
Feldman, David, *Marital Relations, Birth Control and Abortion in Jewish Law* (New York: Schocken Books, 1974).
Dorff, Elliot N., and Newman, Louis E., *Contemporary Jewish Ethics and Morality: A Reader* (New York, Oxford: Oxford University Press, 1995).
Bleich, J. David, *Contemporary Halakhic Problems* (vol. 3) (New York: Ktav, 1989).

“牛津通识读本”已出书目

古典哲学的趣味
人生的意义
文学理论入门
大众经济学
历史之源
设计，无处不在
生活中的心理学
政治的历史与边界
哲学的思与惑
资本主义
美国总统制
海德格尔
我们时代的伦理学
卡夫卡是谁
考古学的过去与未来
天文学简史
社会学的意识
康德
尼采
亚里士多德的世界
西方艺术新论
全球化面面观
简明逻辑学
法哲学：价值与事实
政治哲学与幸福根基
选择理论
后殖民主义与世界格局
福柯
缤纷的语言学
达达和超现实主义
佛学概论
维特根斯坦与哲学
科学哲学
印度哲学祛魅
克尔凯郭尔
科学革命
广告
数学
叔本华
笛卡尔
基督教神学
犹太人与犹太教
现代日本
罗兰·巴特
马基雅维里
全球经济史
进化
性存在
量子理论
牛顿新传
国际移民
哈贝马斯
医学伦理
黑格尔
地球
记忆
法律
中国文学
托克维尔
休谟
分子
法国大革命
民族主义
科幻作品
罗素
美国政党与选举
美国最高法院
纪录片
大萧条与罗斯福新政
领导力
无神论
罗马共和国
美国国会
民主
英格兰文学
现代主义
网络
自闭症
德里达
浪漫主义
批判理论

德国文学
戏剧
腐败
医事法
癌症
植物
法语文学
微观经济学
湖泊
拜占庭
司法心理学
发展
农业
特洛伊战争
巴比伦尼亚
河流
战争与技术
品牌学
数学简史

儿童心理学
时装
现代拉丁美洲文学
卢梭
隐私
电影音乐
抑郁症
传染病
希腊化时代
知识
环境伦理学
美国革命
元素周期表
人口学
社会心理学
动物
项目管理
美学
管理学

电影
俄罗斯文学
古典文学
大数据
洛克
幸福
免疫系统
银行学
景观设计学
神圣罗马帝国
大流行病
亚历山大大帝
气候
第二次世界大战
中世纪
工业革命
传记
公共管理
社会语言学